Joachim Kestler · Der Umgang mit Jesus macht frei

Joachim Kestler

Der Umgang mit Jesus macht frei

Predigten
zum Lesejahr A

echter

Für die Abdruckgenehmigung danken wir den Verlagen:

P. Janssens Musikverlag (S. 47)
Herder Verlag (S. 100, 132)

Die Deutsche Bibliothek – CIP-Einheitsaufnahme

Kestler, Joachim:
Der Umgang mit Jesus macht frei : Predigten zum Lesejahr A /
Joachim Kestler. – Würzburg : Echter, 1992
ISBN 3-429-01457-3

Mitglied der Verlagsgruppe »engagement«

Umschlag: Ernst Loew
Gesamtherstellung: Echter Würzburg
Fränkische Gesellschaftsdruckerei und Verlag GmbH
ISBN 3-429-01457-3

Inhalt

Vorwort

Jesus hat gern Geschichten erzählt. Geschichten aus dem Alltag der Menschen, von Blumen und Münzen, Weinschläuchen und Kleidern, Saatgut und Teig, Aussaat und Ernte, Erziehungsproblemen und Tarifverhandlungen – aber halt: Gab es das damals denn schon?

Ja – nur nicht unter diesem Begriff. Doch genau da liegt für mich der Reiz, die Geschichten Jesu zu »ver-heutigen«, in unsere Gegenwart zu versetzen, sie also in heutiger Sprache und Terminologie nach-zuerzählen, damit den Menschen unserer Tage aufgeht, was es mit dem Reich Gottes auf sich hat, und sie gleichsam so zu erzählen, wie Jesus sie heute erzählen könnte ... Bei diesen Versuchen tauchen dann eben Tarifverhandlungen auf statt feilschender Tagelöhner, Mofas statt Öllampen, Möbelwagen anstelle von Kamelen und Bratwürste statt Manna.

Bei den Gleichnissen Jesu ist das zuweilen recht einfach, und auch Gleichnisse aus dem Alten Testament lassen sich in die Gegenwart übertragen. Schwieriger ist es, wenn andere Texte zum Gegenstand der Predigt werden sollen: Prophetensprüche oder Geschichtsbücher.

Doch gerade die alten prophetischen Texte sind es, die mich oft ganz unvermittelt treffen, und die geschichtlichen Texte, in denen das Versagen einzelner oder des ganzen Volkes aufgearbeitet wird, wirken auf mich und unsere Zeit wie ein Spiegel. Es lohnt sich, auch diese Texte in unsere Gegenwart zu transponieren, auch wenn es mühsam ist, den zeitlichen oder geschichtlichen Hintergrund zu erhellen. Doch das ist notwendig. Denn aus Erfahrung weiß ich, daß für viele unserer sonntäglichen Gottesdienstbesucher die Worte der Schrift, zumal die der Lesungen, zunächst nur toter und unverständlicher Buchstabe sind. Texte, bei denen man geneigt ist, eher wegzuhören als zuzuhören. Diese Texte in den Kon-text des eigenen Lebens zu stellen, ist eine schwierige, aber lohnende Aufgabe. Deswegen sind gerade die Predigten zu den alttestamentlichen Lesungen in diesem Band häufig um den Schrifttext herumgebaut. Ohne den Wortgottesdienst mit noch mehr Worten zu überfrachten, soll dadurch ein besseres Hinhören und tieferes Verstehen erreicht werden. Andere Predigten sind so konzipiert, daß sie unmittelbar im Anschluß an die Lesung erfolgen und nicht erst nach dem Evangelium, damit die Hörer den jeweiligen Schrifttext wirklich noch im Ohr haben.

Die Predigten zu den Evangelienstellen setzen für manchen vielleicht recht unvermittelt ein, oft ohne eigentliche Einleitung oder Hinführung, häufiger mit einem markanten Spruch oder einem Leitmotiv, das sich durch die Predigt hindurchzieht. Zu dieser Methode hat mich ein Freund angeregt, der Berufsmusiker ist: »Eine gute Predigt sollte sein wie die Durchführung in einer Mozart-Sinfonie. Da kommt das Thema in der Exposition (das ist übertragen der Schrifttext), und dann beginnt die Durchführung (die Predigt), die sofort einen wesentlichen Gedanken des Themas aufgreift und weiterbehandelt, bis sich am Ende in der Reprise der Kreis wieder schließt.«

So liegt nun nach den Predigten zum Lesejahr C der zweite Band zum Lesejahr A vor. Obwohl ich viel gefeilt, verbessert, gekürzt oder ergänzt habe, bleibt bei manchen Texten das Gefühl, mit ihnen nie fertig zu werden. Doch vielleicht ist das auch gut so. Gut für die eigene Motivation, am Wort der Schrift »dranzubleiben«. Gut auch für all diejenigen, die dieses Buch zur Hand nehmen werden. Sie werden merken, daß man diese Predigten nicht einfach so übernehmen kann, wie sie dastehen. Und das soll auch gar nicht sein. Sie mögen als Anregung dienen, das immer gültige Wort Gottes für das eigene Leben und das der anvertrauten Gemeinde zu ver-heutigen; und sie mögen dazu anstoßen, im eigenen Leben den Kon-text zu den Texten der Schrift zu suchen und zu finden.

Würzburg, im Januar 1992 *Joachim Kestler*

1. Adventssonntag

Jes 2, 1–5

Schon immer beschäftigen zwei Fragen die Menschen am allermeisten. Es sind »philosophische« Fragen, die Fragen nach dem *Woher* und *Wohin.*

Woher komme ich?

Wohin gehe ich?

Woher komme ich? Wieso gibt es mich überhaupt? Wer oder was steckt hinter der Tatsache, daß es mich gibt?

Wohin gehe ich? Denn wenn es mich gibt, dann muß doch mein Leben auch einen Sinn haben. Wozu bin ich da? Was soll ich tun? Auf welches Ziel hin lebe ich?

Auf diese Frage nach dem *Woher* und *Wohin* des Lebens haben die Menschen zu allen Zeiten Antworten gesucht und gefunden. Die Märchen und Mythen, die religiösen Erzählungen und Dichtungen aller Kulturen versuchen, darauf eine Antwort zu geben.

Uns Christen bedrängen diese Fragen genauso wie alle anderen Menschen. Wir dürfen allerdings glauben, daß Gott selber uns die Antwort darauf gegeben und offenbart hat – in menschlichen Worten und Bildern, wie sie in der Bibel niedergeschrieben worden sind.

Viele Stellen, vor allem im Alten Testament, sprechen davon, wie es »im Anfang« war. Wir sind z. B. alle von Kindheit an mit den Schöpfungserzählungen vertraut. Erzählungen wie die von der Erschaffung der Welt und des Menschen geben die Antwort auf die erste Frage; auf die Frage: Woher komme ich?

Gott selber sagt: Es gibt dich, weil ich dich will. Die Welt gibt es, weil ich sie will. Und Gott sagt, daß es zunächst einmal gut, ja sogar sehr gut ist, daß es die Welt und den Menschen gibt. Gott sagt aber auch, daß vieles mit der Welt und dem Menschen im argen liegt, weil der Mensch nicht im-

mer so will wie Gott. Durch das eigenmächtige Handeln der Menschen sind ganz neue und oft bedrohliche Fragen auf die Menschheit zugekommen.
Wir spüren das heute vielleicht mehr als alle anderen Generationen vor uns. Angesichts heutiger Umweltkatastrophen und Kriege, Bevölkerungswachstum und Rohstoffverknappung, Ozonloch und Klimaveränderung, die nicht nur uns als Einzelpersonen betreffen, sondern die ganze Menschheit, die ganze Welt, ist die erste Frage, die Frage nach dem *Woher*, ein wenig in den Hintergrund gerückt. Uns interessiert vielmehr die Frage nach dem *Wohin*, *wie* es weitergeht mit uns, *ob* es weitergeht und *wie lange* es noch so weitergeht. Oder ob wir schon am Ende sind mit all unserer Weisheit. Am Ende mit unserer Politik. Am Ende mit unserer Umwelt. Am Ende mit dem Leben.
Die Frage nach dem Anfang ist von der Frage nach dem Ende abgelöst worden.
Was mich aber stutzig macht, ist die Tatsache, daß die Bibel nicht nur sehr oft davon spricht, wie es »im Anfang« war, sondern genauso oft auch davon, wie es »am Ende« sein wird. Nur sind uns diese Stellen viel weniger vertraut. Deswegen haben wir wahrscheinlich auch eine viel pessimistischere Sicht vom Ende, als wir haben müßten.
Wir wünschen uns zwar alle, daß am Ende alles gut wird; daß es ein »Happy-End« gibt mit uns und unserer Welt. Aber wir sind skeptisch und befürchten eher das Gegenteil.
Was für ein Ende erwartet uns – oder besser gesagt: was für ein Ende erwarten wir? Diese Frage ist wichtig. Denn je nachdem, wie die Antwort ausfällt, wird auch unser Leben und unser Verhalten ausfallen:

– Wenn ich davon ausgehe, daß alles nur noch schlechter wird, daß es einmal ein schlimmes Ende nehmen wird, dann werde ich wohl kaum große Energie entwickeln, etwas zum Guten hin zu verändern. Dann werde ich vor allem versuchen, mein Leben zu genießen – denn wer weiß schon, wie lange ich dazu noch Gelegenheit haben werde.

- Wenn ich aber glaube, daß es besser werden kann, dann werde ich auch mithelfen wollen, daß es damit schneller vorwärtsgeht. Dann werde ich alles tun, um das Kommen der Vollendung zu beschleunigen.

Befürchte ich ein schlimmes Ende oder erwarte ich ein gutes Ende? Diese Frage hat auch mit Gott zu tun. Die meisten Menschen heute sind wohl eher religiöse Pessimisten. Ihnen fehlt der Glaube, daß Gott auch heute noch da ist und etwas Gutes mit uns vorhat. Und aus dieser falschen Überzeugung heraus wollen sie auch nichts mehr mit Gott zu tun haben. »Was soll ich mit einem Gott, der nichts für mich tut?« fragen sie.
Anders die religiösen Optimisten, die Gott auch heute noch zutrauen, daß es einmal ein gutes Ende nehmen wird, auch wenn heute noch alles dagegenspricht.
Zu diesen Optimisten gehört auch der Prophet Jesaja. Sein Glaube läßt sich auf die Kurzformel bringen: Ende gut – alles gut.
In einem Vergleich, einem Bild, schildert er uns, wie für ihn das Ende aussieht:

(An dieser Stelle die Lesung vortragen oder vorlesen lassen)

Nun – ist das eine Antwort?
Ich möchte versuchen, sie für uns noch ein wenig zu entfalten. Da steht im Mittelpunkt der Welt der Berg mit dem Haus Gottes. Dort findet ein gewaltiges »Gipfeltreffen« statt, ein Gipfeltreffen zwischen Gott und allen Menschen. Das Ziel dieses Treffens ist es, Gerechtigkeit und Recht herzustellen, indem man auf Gottes Wort hört. Die Menschen kommen freiwillig zu diesem Gipfeltreffen, weil sie mit ihrer Weisheit am Ende sind, weil sie in der Sackgasse stecken und nicht mehr weiterkommen. Deswegen wollen sie sich von Gott den Weg zeigen lassen und diesen Weg gehen.

Weil sie am Ende sind, machen sie einen neuen Anfang – mit Gott. Und als Folge dieses Gipfeltreffens, sagt Jesaja, beginnt der Frieden. Was aber war der Auslöser für diese große Völkerwallfahrt zum Haus Gottes? Woher kommt dieser Glaube, daß allein von Gott her eine Heilung der Zustände möglich ist, daß allein Gott ein gutes Ende und einen neuen Anfang bewirken kann?
Für die Zuhörer des Jesaja war das klar. Jeder gläubige Jude wußte, daß er Angehöriger des auserwählten Gottesvolkes war. Und für jeden gläubigen Juden war klar, wozu Gott dieses Volk auserwählt hatte: Durch das vorbildliche Leben Israels mit seinem Gott sollte allen anderen Völkern die Augen geöffnet werden für die Güte und Menschenfreundlichkeit Gottes.
Deshalb steht auch am Schluß der Vision Jesajas die Aufforderung an seine Zuhörer: »Haus Jakob, laß uns wandeln im Licht des Herrn!« – Laßt uns Ernst machen mit unserer Berufung, damit dieses gute Ende bald kommt!
Das Ende hat jeder gläubige Jude mit dem Kommen des Messias verknüpft. Die Juden warten heute noch auf den Messias. Für uns Christen ist er schon gekommen: Jesus von Nazareth. Auf sein Kommen bereiten wir uns jetzt wieder neu vor. Aber wir sollten in diesen Tagen des Advent den Blick nicht nur kurzsichtig auf das bevorstehende Weihnachtsfest richten.
Wenn uns dieser Text des Propheten Jesaja am Beginn der Adventszeit vorgelesen wird, dann will er uns auch die Augen für das endgültige Kommen Jesu öffnen. Denn im Advent leben wir unser ganzes Leben, leben die Menschen seit Beginn der Zeiten, leben die Christen seit der Auferstehung und Himmelfahrt Jesu. Mit seinem ersten Kommen hat die Endzeit begonnen, ist die Zeit reif für das gute Ende, das Gott mit der ganzen Schöpfung vorhat.
Und weil das ein Grund zur Freude ist, hatten die ersten Christen keinen sehnlicheren Wunsch, als daß Jesus bald wiederkommen sollte. »Marana-tha! Komm, Herr Jesus!«

riefen sie. Mit seinem Wiederkommen erwarten wir das gute Ende, das zugleich ein neuer Anfang für uns Menschen und die ganze Schöpfung sein wird. Sich auf dieses Wiederkommen Jesu vorbereiten heißt aber auch, so zu leben, daß anderen die Augen dafür geöffnet werden. Denn heute sind *wir* das Volk Gottes. Heute liegt es an uns, Vorbild zu sein und Schrittmacher für ein gutes Ende.

Im Advent leben heißt nicht, tatenlos warten, bis das Ende hereinbricht, sondern aktiv werden, damit Voll-endung geschieht.

Jesaja schreibt, daß viele Nationen sich auf den Weg gemacht haben, um auf Gott zu hören und sich von ihm zeigen zu lassen, wo's langgeht.

Ich denke, es würde schon reichen, wenn heute aus allen Nationen die *Christen* aufstünden, um auf Gott zu hören und in seinem Namen zu handeln. Wenn die Christen – egal, welcher Nation oder Konfession sie angehören – ihre Schwerter zu Pflugscharen und ihre Lanzen zu Winzermessern schmieden würden, wenn die Christen aller Völker ihre Stimmen einbringen würden in die Parlamente – das käme der Vision des Jesaja wohl sehr nahe.

Eine alte jüdische Erzählung sagt: Der Messias kommt dann, wenn ganz Israel *einen* Tag lang wirklich nach den Geboten Gottes lebt.

Vielleicht können wir heute sagen: Weihnachten wird es dann, Jesus kommt dann, wenn alle Christen wirklich ihrer Berufung entsprechend leben, wenn in jedem Christen Jesus neu Mensch wird.

Deswegen gilt uns die Aufforderung Jesajas genauso. »Laßt uns wandeln im Licht des Herrn!« Dann brauchen wir vor dem Ende keine Angst zu haben, sondern wir können uns darauf freuen. Und wir können einstimmen in den alten Adventsruf der Christen: »Komm, Herr Jesus! Marana-tha!«

2. Adventssonntag

Mt 3, 1–12

Ehrlich gesagt, ich wundere mich. Ich wundere mich über den Erfolg, den diese Predigt gehabt hat. *Ganz Jerusalem, die ganze Jordangegend* zieht hinaus! Eigentlich hätte Johannes doch zufrieden sein müssen. Denn es heißt schon etwas, wenn die Leute sich aufmachen. Er geht ja nicht zu ihnen, sondern sie kommen zu ihm. Und er bestärkt sie nicht in ihrem Tun, sondern fordert von ihnen, daß sie umkehren, daß sie sich ändern! Und das ist schließlich etwas, was kein Mensch gern hört: daß er sich ändern soll.
Aber indem sie ihre Dörfer und Städte verlassen, ihre gewohnten Pfade, ihren ganz normalen Alltag, indem sie einfach alles stehen und liegen lassen und zu Johannes am Jordan gehen, tun sie schon den ersten Schritt zur Umkehr. Das Untertauchen im Jordan ist ein sichtbares Zeichen dafür, daß nun etwas Neues beginnt: ein Leben, in dem Gott die wichtigste Rolle spielt.
Eigentlich hätte Johannes ganz zufrieden sein müssen. Aber anscheinend ist er es nicht. Denn wir hören ihn ganz schön schelten, drohen und schimpfen. Seine Bußpredigt hält er nicht dem Volk, sondern den Führern des Volkes. Er durchschaut sie nämlich. Er weiß, daß es ihnen noch nicht ernst ist mit der Umkehr. Daß sie nur zum Jordan gehen, weil sie vor den Leuten gut dastehen wollen. In ihrem Herzen aber glauben sie weder an die Notwendigkeit der Taufe und erst recht nicht an die Notwendigkeit von Umkehr – weil sie gar nicht das Gefühl haben, Sünder zu sein. Und selbst wenn – »wir haben ja Abraham zum Vater« denken sie. Wir gehören ja zum auserwählten Volk Gottes. Da wird uns schon nichts passieren.
Da sind sie aber bei Johannes gerade an den Richtigen geraten. »Gott pfeift darauf, ob ihr Söhne Abrahams seid oder

nicht! Es kommt nicht auf die Herkunft an. Wenn Gott will, kann er auch aus den Steinen Söhne Abrahams machen. Es kommt nicht darauf an, wer ihr seid, sondern wie ihr seid und was ihr tut!«
Johannes macht ihnen klar, daß vor Gott alle gleich nackt dastehen, daß keiner einen Vorteil vor dem anderen hat, weil er besonderer Herkunft ist, ein besonderes Amt hat oder sich sonstwas auf sich einbildet.
Was zählt, das ist, was ich tue oder nicht tue. Welche Früchte ich bringe. Was zählt vor Gott, das ist das, was auch am Ende meines Lebens zählen wird. Was ich Gutes getan oder nicht getan habe.
Darum verwendet Johannes auch so eine drastische und derbe Sprache, schimpft und droht, warnt und mahnt: weil er nicht will, daß Leute ins Verderben rennen. Gerade weil er im Auftrag Gottes solche furchtbaren Dinge androht, macht er deutlich, wie sehr Gott die Menschen am Herzen liegen. Es ist Gott eben nicht egal, ob jemand in sein eigenes Unglück läuft oder nicht. Und deswegen sagt Johannes: »Es ist fünf vor zwölf! Die Axt ist schon an die Wurzel gelegt. Das Streichholz ist schon angezündet. Die Schaufel steht schon bereit, um die Spreu vom Weizen zu trennen! Wenn ich euch taufe, dann heißt das, daß Gott euren Willen zur Umkehr ernst nimmt. Gott nimmt euch ernst – darum nehmt auch ihr ab jetzt Gott ernst, denn sonst wird es ernst ...«

3. Adventssonntag

Mt 11,2–11

Wer nicht zweifeln kann, der kann auch nicht glauben. So sagt man jedenfalls. Im ersten Teil des Evangeliums haben wir von den Zweifeln gehört, die Johannes den Täufer plagen. Inzwischen sitzt er im Gefängnis. Er fragt sich, ob es einen Sinn gehabt hat, hart und kompromißlos zu bleiben, Bote, Mahner, Rufer zu sein – ohne Rücksicht auf die persönlichen Konsequenzen.
Er hat den angekündigt, der das Gericht vollziehen wird, der die Axt anlegt, die Wurfschaufel nimmt, der die unfruchtbaren Bäume umhaut und die Spreu verbrennt. Er hat die Leute erst auf Jesus aufmerksam gemacht und von sich weggezeigt auf Jesus hin. Sind sie denn alle einem Betrüger aufgesessen? – Man merkt doch überhaupt nichts davon, daß jetzt das Gericht kommt! Im Gegenteil: Jesus heilt die Sünder auch noch.
Für Johannes steht sein ganzes Leben auf dem Spiel. Alles – seine Predigt und seine Gefangenschaft und die Hinrichtung, auf die er wartet – all das ist ja nur sinnvoll, wenn Jesus wirklich der ist, auf den alle warten. Und weil er es in seinen Zweifeln nicht mehr aushält, läßt er Jesus fragen: Bist du es? Ja oder nein?
Jesus sagt ihm nicht kurz und bündig: Ich bin es. Er gibt ihm die Antwort indirekt. Er zitiert eine Stelle aus der Heiligen Schrift. Und damit korrigiert er auch ganz sanft das Bild, das Johannes vom Messias hat. Dort, im Alten Testament, heißt es: Wenn der Messias kommt, dann werden die Augen der Blinden aufgetan, der Lahme springt wie ein Hirsch, die Ohren der Tauben öffnen sich ...
Jesus will damit sagen: Wer merkt, was hier und jetzt geschieht, der müßte auch erkennen, wer ich in Wirklichkeit bin.

Ja, aber wo bleibt das Gericht, das Johannes angekündigt hat? Davon ist doch hinten und vorn nichts zu sehen und zu spüren.
Auch davon spricht Jesus nur indirekt. Er sagt nämlich: »Selig, wer an mir keinen Anstoß nimmt.«
Das Gegenteil von *selig sein* ist *verflucht sein.* Wer also an Jesus Anstoß nimmt, wer ihm nicht glaubt, der richtet sich selbst.
Jesus ist nicht so sehr ein Richter, der durch einen Richtspruch andere verurteilt oder freispricht. Jesus ist das Gericht in Person. In der Begegnung mit ihm vollzieht sich die Scheidung der Geister, das Gericht. Und damit hat Johannes doch recht behalten. Das Gericht ist ganz nahe: in der Person Jesu.
Entweder ich kehre um und glaube ihm *oder* ich nehme Anstoß und glaube nicht an ihn. Wer Jesus begegnet, muß sich entscheiden – für oder gegen ihn.
Mit dieser Rede bestätigt Jesus alles, was Johannes gesagt hat und wie er sich verhalten hat. Auch, wenn Johannes deswegen nun auf seinen Tod wartet – sein Weg war richtig und wahr. Genauso wird Gott das bestätigen, was Jesus gesagt und getan hat. Auch wenn er am Kreuz sterben wird – der Weg Jesus ist richtig und wahr.
Und schließlich stellt Jesus die Leute, die zuhören, vor die Entscheidung. »Was habt ihr sehen wollen, als ihr zu Johannes hinausgegangen seid? Einen, der allen nach dem Mund redet? Einen, der sein Fähnchen schön nach dem Wind dreht? Oder einen wirklichen Propheten?«
Einen Prediger, der nicht im Auftrag Gottes spricht, sondern der sein Fähnchen nach dem Wind dreht, den kann ich mir anhören und hernach genauso weggehen und weitermachen wie vorher. Keiner kann mich deshalb verurteilen. Aber wenn ich es mit einem Propheten zu tun bekomme, der im Auftrag Gottes spricht, dann kann ich ihn nicht nur aus Neugier und unverbindlich anhören. Dann muß ich damit rechnen, daß er mir etwas abverlangt, daß

mich die Begegnung mit ihm verändert, daß ich nicht mehr so weitermachen kann wie bisher.
Spielt Jesus damit auch auf sich an?
Wir singen in diesen Tagen viel davon, daß er kommen soll. Wir beten die alten Gebete und Bittrufe, daß Gottes Sohn in die Welt kommen soll. Was erwarten wir denn von ihm? Was wollen wir sehen, wenn er endlich da ist? Ein Schilfrohr, das im Wind schwankt? Einen, der allen nach dem Mund redet und sein Fähnchen in den Wind hängt? Einen, der uns Honig ums Maul schmiert? – Oder einen Propheten, der im Auftrag Gottes redet und uns einen kritischen Spiegel vorhält? Einen, an dem sich die Geister scheiden in solche, die Anstoß nehmen und solche, die glauben?
Was erwarten wir von Jesus, wenn er kommt?

4. Adventssonntag

Jes 7, 10–14; Mt 1, 18–24

Das Wort Gottes ist für uns in der Bibel niedergeschrieben. Wir halten es heilig und nennen es daher auch die »Heilige Schrift«. Wir glauben, daß es auch heute noch aktuell und gültig ist. Um es daher richtig verstehen zu können, müssen wir uns oft erst einmal damit vertraut machen, was einzelne Stücke aus dem Alten und Neuen Testament *damals* bedeutet haben, als sie das erstemal verkündigt oder aufgeschrieben worden sind. Wenn wir das wissen, dann können wir fragen: Gibt es ähnliche Ereignisse, Situationen oder Probleme auch *heute*? Was könnte dann Gottes Wort für uns bedeuten?
Deswegen ist die Bibelwissenschaft in den letzten Jahren immer wichtiger geworden. Man versucht, die Heilige Schrift so genau wie möglich zu übersetzen. Man erforscht immer genauer, welche Texte aus welcher Zeit stammen, um sie besser verstehen zu können. Ausgrabungen bestätigen manches, was man lange Zeit für eine Legende gehalten hat. Man kann getrost sagen, daß keine Zeit vor uns eine so genaue Kenntnis der Bibel und der biblischen Geschichte hatte wie wir heute.
Auch der Text des Propheten Jesaja, den wir gerade gehört haben, hat eine lange Geschichte hinter sich. Damit wir verstehen können, was diese Worte ursprünglich bedeutet haben, müssen wir uns erst einmal in die damalige Zeit zurückversetzen.
Der Staat Israel war auseinandergebrochen und geteilt – in ein Nordreich und ein Südreich. Deswegen ist seine politische Bedeutung gering und seine frühere Stärke dahin. Das Reich der Assyrer dagegen ist im Begriff, die neue Weltmacht zu werden. Rücksichtslos unterwerfen die Assyrer alle kleineren Staaten. Zu Recht haben die Könige von

Aram und vom Nordreich Israel Angst davor, daß sie als nächste an der Reihe sind. Um das zu verhindern, möchten sie gern ein militärisches Bündnis gegen die Assyrer schließen und wollen auch den König Ahas, der über das Südreich Juda regiert, in ihrer Koalition haben. Doch Ahas ist das zu gefährlich. Er will sich mit so einem mächtigen Gegner wie Assur nicht anlegen. Um ihn zum Mitmachen zu zwingen, belagern die beiden Könige von Aram und Israel die Hauptstadt von Juda, Jerusalem. Sie wollen mit Gewalt erreichen, daß Ahas in ihrem Bündnis mitmacht. Ahas bekommt es mit der Angst. Soll er im Bündnis mitmachen und sich gegen die Assyrer stellen? Oder soll er die Assyrer gegen die beiden anderen König um Hilfe rufen?
In dieser Zwickmühle sagt Jesaja zu ihm: »Bewahre die Ruhe! Unternimm gar nichts. Gott sagt dir: Was die beiden vorhaben, kommt nicht zustande, es wird nicht geschehen. Aber er sagt auch: Glaubt ihr nicht, so bleibt ihr nicht!«
Und um Ahas Mut zuzusprechen, sagt er sogar: »Erbitte dir vom Herrn ein Zeichen!« So sicher ist Jesaja, daß Gott seinen Beistand nicht versagt, daß er sogar mit einem Zeichen garantieren kann, daß die Vorhersage stimmt.
Aber anscheinend hat Ahas im stillen doch schon den Plan gefaßt, sich lieber auf seine politischen Möglichkeiten zu verlassen anstatt auf Gott. Doch das sagt er Jesaja nicht. Er versucht, sich diplomatisch aus der Affäre zu ziehen. Ahas will es sich weder mit seinen politischen Beratern verderben noch mit dem Flügel der Frommen. Deswegen sagt er, daß er Gott nicht auf die Probe stellen will (denn ein Zeichen zu erbitten heißt, Gott auf die Probe zu stellen). Aber Jesaja durchschaut ihn. Deswegen gerät er nun in heiligen Zorn. »Mit deiner Unentschlossenheit fällst du nicht nur den Leuten auf die Nerven, sondern auch Gott. Aber Gott steht zu seinem Wort. Und er gibt dir von sich aus ein Zeichen. Siehe, die junge Frau wird einen Sohn zur Welt bringen und ihm den Namen geben: Gott ist mit uns!«
Wer aber ist die »junge Frau«? Und wer ist »der Sohn«?

Die Deutung, daß damit Maria und Jesus gemeint seien, kommt erst viel später auf und geht auf Matthäus zurück. Doch was hätte den Ahas ein Zeichen genützt, das sich erst 700 Jahre später ereignet und erfüllt?

Jesaja meinte damit die junge Königin, die Frau des Ahas. Am Hof ist sie wohl nur »die junge Frau« genannt worden. Sie wird einen Sohn zur Welt bringen, und – so sagt Jesaja – noch bevor das Kind versteht, das Böse zu verwerfen und auf das Gute zu setzen, wird das Land der beiden Könige, vor denen Ahas jetzt noch so große Angst hat, verödet sein.

Damit will Jesaja dem Ahas sagen: Es dauert gar nicht mehr lange, und du wirst sehen und verstehen, daß ich die Wahrheit sage und daß Gott mit uns ist.

So war das zur Zeit des Jesaja. Er bestürmt den König, um Gottes Willen kein ständiges politisches Wechselspiel zu betreiben, das doch zu nichts führt – außer ins Verderben. Als Nachkomme Davids, als Gesalbter Gottes kann er sich ganz und gar auf Gott verlassen. Aber das tut Ahas nicht. Und trotzdem hält Gott wort. Die Belagerung Jerusalems durch diese beiden Könige mißlingt, und Jesaja hat recht behalten: Gott ist mit uns.

Matthäus hat diese Schriftstelle aufgegriffen, um mit ihr Jesus als den Messias zu beglaubigen. Er tut das, weil der Name »Gott-mit-uns« voll und ganz auf Jesus paßt. Und er tut es, um vor allem den Juden zu sagen: Jesus ist der Messias. Denn wenn die Juden glauben sollen, daß Jesus der verheißene Retter ist, dann muß das im Einklang mit ihrer Heiligen Schrift, dem Alten Testament, stehen. Deswegen sucht Matthäus immer wieder nach solchen Stellen, die Jesus als den Messias ausweisen können. Seine Absicht ist es, seinen Zeitgenossen den Glauben an Jesus zu erleichtern.

Auch uns soll der Glaube an Jesus leichtfallen. Deswegen hören wir heute, am 4. Adventssonntag, diese uralte Erzählung.

Vielleicht ist uns ein bißchen klarer geworden, wie die Verheißung des Propheten mit Weihnachten zusammenhängt: Wenn wir in ein paar Tagen Weihnachten feiern, dann feiern wir die Geburt und Ankunft Jesu, des Retters, des Messias. Denn wir glauben, daß sich mit der Geburt Jesu die Geschichte nicht nur wiederholt, sondern vollendet. Das Kind in der Krippe ist nicht nur ein Hoffnungsschimmer für eine bestimmte und begrenzte Zeit – wie damals, als Ahas lebte und regierte. Das Kind in der Krippe ist für uns Christen die Hoffnung überhaupt – gestern, heute und für alle Zeit.

1. Fastensonntag

Mt 4, 1–11

Man kann sich wundern über diese Erzählung. Wie kann denn Jesus versucht werden, wo er doch Gottes Sohn ist? Man kann aber auch aufatmen und sagen: »Durch die Erzählung von den Versuchungen Jesu wird erst recht deutlich, wie sehr er auch Mensch war.«
Mir jedenfalls erscheint Jesus hier sehr menschlich und mir nahe. Denn daß er Versuchungen kennt, tröstet mich. Und wie er mit den Versuchungen umgeht, das beeindruckt mich.
Matthäus sagt, daß Jesus am Ende seiner Fastenzeit in Versuchung geführt wird. Wie alle großen Gestalten der Religionen ist Jesus zuerst einmal in die Wüste gegangen. Ob Buddha, Mohammed, Elija, Johannes der Täufer – alle sind in die Wüste gegangen oder sogar in der Wüste geblieben. In der Einsamkeit, allein mit sich und Gott, haben sie sich auf ihre Sendung vorbereitet. Und nun zeigt es sich auch für Jesus, womit er zu kämpfen hat.

Jesus hat zu kämpfen mit der Versuchung,
nur von den *Dingen* zu leben

Er soll Steine zu Brot werden lassen, tote Materie zum Lebensmittel und Lebenszweck. Aber davon kann man nicht leben. Das ist erstens egoistisch, und zweitens bewirkt es nur den Hunger nach »noch mehr«. Wir kennen es selber alle, wenn wir uns aus einer trübseligen Stimmung heraus irgend etwas kaufen und dann doch nicht recht froh damit werden, weil es nicht das war, was wir eigentlich zum Leben gebraucht hätten.
Später wird Jesus ein Brotwunder wirken – dann aber, damit *andere* satt werden. Ein Wunder für sich selbst zu wirken, ist gegen den Willen Gottes.

Jesus hat zu kämpfen mit der Versuchung,
von *Anerkennung* zu leben

Diese Versuchung ist schon etwas raffinierter. Ich verschaffe mir nicht etwas Dingliches, sondern ich versuche, die Leute auf meine Seite zu bringen. Irgend etwas Ausgefallenes tun – und alles klatscht Beifall. Jesus als Gast bei »Wetten daß«, bei »Kaum zu glauben«? – Die Leute würden zwar klatschen, aber sie würden sich nicht ändern.
So etwas führt nicht zu Gott, sondern zu einem Idol, zu einem Star, zu einem falschen Götzen. Jesus wird später einmal sagen: »Wenn ich erhöht bin, werde ich alle an mich ziehen.« Aber da steht das Kreuz davor – und nicht eine Show.

Jesus hat zu kämpfen mit der Versuchung,
von der *Macht* zu leben

Hier zeigt sich die Versuchung am raffiniertesten und am teuflischsten. Der Satan verspricht ihm etwas, was ihm gar nicht gehört, und er verlangt als Gegenleistung etwas, was ihm nicht gebührt. Macht als Gegenleistung für Anbetung und Unterwerfung. Der Betrogene ist der Mensch, der sich darauf einläßt.
Davon spricht übrigens nicht nur Matthäus an dieser Stelle; auch viele Märchen erzählen davon, was Schlimmes passiert, wenn ein Mensch dem Teufel seine Seele verkauft. Ein solcher Mensch kann zwar alles machen, er bleibt aber immer Spielball in der Hand dessen, der ihm diese Macht gegeben hat und jederzeit wieder wegnehmen kann.
Jesus sagt: »Mir ist alle Macht gegeben im Himmel und auf Erden – aber von Gott. Und darum kannst du sie mir nicht geben oder versprechen.«

So zeigen sich am Ende des Fastens die Gedanken und Wünsche, mit denen Jesus zu kämpfen hat. Unbewußtes wird bewußt. Diese Versuchungen erscheinen als *Einreden* des

Teufels. Teufel heißt griechisch »diabolos«, auf deutsch »der Durcheinanderwerfer«, also der, der die Rangordnung der Dinge durcheinanderbringt und auf den Kopf stellt. Das tut er nicht plump. Er fordert nicht auf: »Tu dies oder jenes Schlechte« – denn er weiß, daß wir nicht dumm sind. So etwas würden wir sofort durchschauen. Er geht viel raffinierter vor und tarnt sich mit guten Gründen: »Es wäre doch ganz gut, wenn ... das ist doch ganz harmlos ... was ist schon dabei ...«

Auch wir kennen solche *Einreden* bei uns. Nur reagieren wir meistens mit *Ausreden* darauf: »Das machen doch alle! Das bißchen schadet doch niemandem!« – Aber unmerklich verschieben sich dabei die Gewichte, und am Ende ist es nicht mehr Gott, dem wir dienen, sondern es sind die *Dinge*, ist es die *Anerkennung* oder die *Macht*, für die wir alles tun.

Jesus dagegen tut etwas sehr Wichtiges. Er antwortet nicht mit *Ausreden*, sondern mit *Gegenreden*. Jedem Gedanken hält er einen *Gegen*gedanken entgegen, ein Wort der Heiligen Schrift. Den teuflischen Eingebungen hält er Gottes Wort entgegen. Und das – sagt Matthäus – hat den Teufel und seine Versuchungen letztendlich besiegt.

Interessanterweise ist genau das eine uralte Erfahrung geistlicher Tradition. Die ersten Mönche, die auch in die Wüste gegangen sind, haben gemerkt, daß die Versuchungen in den Gedanken beginnen. Und sie haben angefangen, für ihre schlechten Gedanken gute Gedanken und Worte zu suchen, die sie wie eine Waffe gegen das Schlechte verwenden konnten. Sie haben oft kurze Stoßgebete oder Psalmverse dazu hergenommen, die sie sich immer wieder vorgesagt haben, bis der schlechte Gedanke verscheucht war.

Mir zeigt also das Evangelium von den Versuchungen Jesu und auch das Beispiel der Mönche, daß die Versuchungen zum Bösen wirklich in den Gedanken, in der Phantasie, in den Vorstellungen beginnen. Darum beten wir auch ganz logisch und richtig: »Ich habe gesündigt in *Gedanken*, Wor-

ten und Werken.« Schon bei den Gedanken muß ich ansetzen und kämpfen, wenn es erst gar nicht zum Bösen in Worten und Werken kommen soll.
Wir können vom Beispiel Jesu und der ersten Mönche lernen, daß wir teuflische Gedanken mit guten Gedanken, mit der Heiligen Schrift und mit Gebet besiegen können, wenn wir es wollen. Vielleicht kommen dann auch zu uns die Engel, um uns zu dienen?

2. Fastensonntag

Gen 12,1–4a

(Zu dieser Predigt empfiehlt es sich, all die Köfferchen und Taschen mitzubringen, die in der eigenen täglichen Arbeit eine Rolle spielen)

Bald wird es wieder soweit sein: ich werde zum drittenmal in fünf Jahren umziehen. Ein Grund zum Feiern ist das sicher nicht. Alles wird sich ändern: die Nachbarn, die Telefonnummer, die Adresse, der Hausarzt, die Gegend, die Aufgaben, die Zeitung – und natürlich gibt es neue Gesichter mit neuen Namen.
Es gehört zu meinem Beruf, immer wieder aufzubrechen. Immer dann, wenn ich gerade ein bißchen heimisch geworden bin, wenn ich gerade angefangen habe, Wurzeln zu schlagen, dann heißt es wieder fortziehen. Es fällt mir nicht leicht, darin den Anruf Gottes zu sehen, der zu mir sagt: »Zieh fort!« Aber ich glaube es, auch wenn es mir nicht leichtfällt.
Ein Umzug, ein Aufbruch ist immer auch eine Chance. Das fängt ja schon beim Ausräumen der Wohnung und beim Einpacken an. Da kann ich endlich einmal ausmisten. Manches, was seit Jahr und Tag in irgendwelchen Schränken und Dachböden dahingammelt, wird jetzt weggeworfen. Genauso ist es mit manchen liebgewordenen Gewohnheiten oder Fehlern, die sich eingeschlichen haben. Solange ich am selben Ort bin, kann ich oft gar nichts mehr daran ändern. Aber wenn ich wegziehe, habe ich die Möglichkeit, dort an der neuen Stelle auch neu anzufangen. Seit ein paar Jahren begleitet mich an solchen Wendepunkten ein Tagebuch, in das ich Fehler und Verbesserungswünsche eintrage. Das hilft mir, manches auszumisten und zurückzulassen.

Aber es gibt ja nicht nur die großen Umzüge.
Es gibt ja auch die tagtäglichen kleinen »Auszüge«. Dafür steht mein kleiner Holzkoffer, mit dem ich z. B. immer zum Gottesdienst komme. Ich habe mittlerweile viele davon, dazu noch Kisten und Taschen für die verschiedenen Projekte, die gerade laufen: Firmung, Kindergottesdienst, Jugendarbeit, Schule ... Ständig bin ich unterwegs irgendwohin. Und Ihnen wird es nicht anders gehen. Jeder hat seine eigenen »Köfferchen«. Das kann die Brotzeittasche sein oder die Schultasche, der Einkaufskorb, der Musterkoffer oder die Aktentasche. Jeden Tag gehen wir von daheim fort – und kommen doch wieder heim. Läßt sich das denn mit einem Umzug vergleichen?
Manchmal schon. Es ist doch oft Neuland, das wir betreten, wenn wir von zu Hause fortgehen. Manchmal denke ich daran, wenn ich früh aus dem Haus gehe. Werde ich abends als derselbe wieder heimkommen? Oder werde ich an diesem Tag Begegnungen haben, Erfahrungen machen, die mich verändern? Vielleicht habe ich mit Menschen zu tun, mit Aufgaben und Sorgen, die mich prägen und durch die mir Gott etwas sagen will. Auch da heißt es immer wieder: »Zieh fort!«
Es gibt die Umzüge und Auszüge an den Lebenswenden.
Wenn Schüler die Schule beenden und eine Lehre oder Ausbildung anfangen. Wenn jemand die Schule wechselt oder die Firma. Wenn jemand umsattelt oder pensioniert wird. Oder wenn jemand seinen Arbeitsplatz verliert. Auch da heißt es immer wieder Neuland betreten. Das ist mit Angst verbunden, aber auch mit Erwartungen. Können wir das nicht auch als Anruf Gottes verstehen, der zu uns sagt: »Zieh fort!«?
Schließlich kommt mir noch der Auszug aus gewohntem Denken in den Sinn. Mir ist das besonders in der letzten Zeit aufgefallen. Wenn z. B. Wahlveranstaltungen sind, dann sagt die Frau zu ihrem Mann: »Da gehst du hin! Das geht dich an, das ist nichts für mich.« Und wenn ein Eltern-

abend ist, bei dem es um Kindererziehung oder um Kommunionvorbereitung geht, dann sagt der Mann zu seiner Frau: »Da gehst du hin! Das geht dich an, das ist nichts für mich.«

Kann es nicht sein, daß auch hier Gott sagt: »Zieh fort aus deinem gewohnten Denken! Nimm einmal einen anderen Standort ein, versetze dich einmal in eine andere Lage!«?

Eines habe ich noch vergessen: Wann immer Gott uns auffordert, wegzuziehen, umzuziehen – egal, ob in eine neue Gegend, in eine neue Aufgabe, ob an einer Lebenswende oder in ein neues Denken hinein – hat er einen Auftrag und einen Wunsch für uns.

»Ein Segen sollst du sein!« Das sagt er zu Abraham, und das sagt er heute zu uns genauso. »Ein Segen sollst du sein! Laß dich von mir führen, denn ich segne dich. Und wohin du auch kommst, du sollst ein Segen sein!«

Ich denke, mit dieser Zusage kann ich es wagen. Und ich tue es mit dem alten Spruch, den schon so viele vor mir in solchen Auszugs- und Umzugssituationen gesagt haben: »In Gottes Namen! Amen!«

3. Fastensonntag

Ex 17, 3–7

Wasser brauchen wir zum Leben. Wir merken es spätestens dann, wenn es abgestellt wird oder nicht getrunken werden kann, weil es durch Bakterien oder Umweltgifte verseucht ist. Wasser bedeutet Leben. Siedlungen wurden dort gebaut, wo es Wasser gab. In Kriegszeiten hat man den Belagerten das Wasser abgegraben, um ihren Widerstand schneller zu brechen. Brunnenvergifter sind mit dem Tod bestraft worden. Und auch heute sind für uns die schlimmsten Umweltsünder diejenigen, die das Wasser durch Schadstoffe ungenießbar machen. All das zeigt, wie wichtig Wasser für unser Überleben ist.

Für Menschen, die lange Zeit durch Dürregebiete und Wüsten wandern, ist Wasser noch viel wichtiger. Deswegen ziehen bis heute die Karawanen von Oase zu Oase, und die Beduinen wandern mit ihren Herden von Wasserloch zu Wasserloch.

In dieser Erzählung kommen die Israeliten eines Abends offenbar an einem Platz an, an dem es kein Wasser gibt. Wer weiß, wann sie sich das letztemal so richtig sattgetrunken haben? Sie haben großen Durst – aber es gibt nichts zu trinken. Sie machen ihrem Zorn und ihrer Enttäuschung Luft. Sie murren gegen Moses. Sie beschweren sich aber nicht nur darüber, daß es nichts zu trinken gibt. Sie werfen Moses nicht nur vor, daß er ein schlechter Führer ist, weil er keine Oase findet. Sie stellen den Sinn des ganzen Unternehmens in Frage.

»Warum hast du uns überhaupt aus Ägypten hierhergeführt? Um uns, unsere Söhne und unser Vieh verdursten zu lassen?«

In diesem Vorwurf schwingt zweierlei mit. Sie geben auf, weil es in ihren Augen keinen Sinn mehr hat, durch die

Wüste zu ziehen. Sie sehen kein Ziel mehr, sondern nur noch den Augenblick. »Wir kommen ja doch nie an. Was nützt uns ein Land, in dem Milch und Honig fließen sollen, wenn wir hier und jetzt verdursten? Das kann doch nicht Gottes Wille sein!« Und in ihrem Zorn blicken sie rückwärts in die Vergangenheit. Das Sklavendasein in Ägypten erscheint auf einmal viel besser als ihr augenblickliches Schicksal. »Damals hatten wir wenigstens genug zu essen und zu trinken.« Sie haben anscheinend völlig vergessen, wie schlecht es ihnen damals wirklich ergangen ist und wie inständig sie zu Gott um Hilfe geschrien haben.

Zwei Verhaltensweisen, die typisch sind für Durst-Strekken. *Aufgeben:* Es hat ja doch alles keinen Sinn!

Die Vergangenheit verklären: Früher war alles viel besser!

Wir selbst kennen Durststrecken aus unserem Leben. Zeiten, in denen wir unterwegs sind. Wir haben etwas verloren oder aufgegeben, aber das Neue noch nicht erreicht. Zeiten, in denen wir auf etwas warten, was noch nicht eingetreten ist. Durststrecken sind harte Zeiten. Unsere Geduld, unsere Hoffnung, unser Glaube werden auf eine harte Probe gestellt. Letztendlich ist der Vorwurf, den die Israeliten dem Moses machen, eine Glaubensfrage. »Warum hast du uns überhaupt aus Ägypten herausgeführt?« – Das heißt nichts anderes als: »Wir können einfach nicht mehr glauben, daß Gott noch eine Zukunft für uns hat.«

Diese Haltung ist verständlich, aber nicht richtig. Sie ist sogar gefährlich. Denn wenn ich kein Ziel mehr sehe, gerate ich in Gefahr, auf der Strecke zu bleiben. Wenn ich mich einfach hinsetze und sage: ich kann nicht mehr und ich mag nicht mehr, dann gehe ich nicht weiter vorwärts, dann geht überhaupt nichts mehr vorwärts. Uns wenn ich nur noch rückwärts schaue und mir einrede, daß früher alles viel besser gewesen sei, dann fehlt mir jeglicher Antrieb, nach vorne zu blicken auf das Ziel, zu dem ich einmal aufgebrochen bin. Eine Durststrecke ist eine große Herausforderung an meinen Glauben. Durststrecken gibt es aber nicht nur im Leben von uns einzelnen, sondern auch in der Geschichte ganzer Völker. Die Wüstenwanderung der Israeliten ist nur ein Beispiel von vielen. Mag sein, daß die gegenwärtigen Bemühungen um ein geeintes Europa eine ähnliche Durststrecke sind. Eine Zeit, die mit Entbehrungen und Verzichten, mit Ängsten und Unsicherheiten verbunden ist. Doch auch hier gilt dasselbe: Wer das Ziel aus den Augen verliert, wer aufgibt oder nur die Vergangenheit verklärt, der bleibt auf der Strecke.

Die Erzählung von den Israeliten ist aber noch nicht zu Ende. Gott läßt sich wieder einmal erweichen und gibt nach. Doch läßt die Bibel keinen Zweifel daran, daß das Verhalten der Israeliten nicht richtig war. Es wäre Gott lieber gewesen, sie hätten genügend Vertrauen aufgebracht, daß er sie nicht zugrunde gehen läßt, anstatt so lange zu murren, bis sie ihren Willen bekommen. Sie hätten nach alledem, was Gott schon für sie getan hat, eigentlich glauben können, daß es zum Guten führt. Daß Gott sie nicht aus Ägypten holt, um sie dann umkommen zu lassen. Daß er sie nicht mit Manna speist, um sie dann verdursten zu lassen. Aber die Israeliten waren kurzsichtig. Ihnen fehlte der Weitblick für das eigentliche Ziel. Ihnen fehlte das Vertrauen, daß Gott weiß, wo es langgeht, und ihnen fehlte die Gelassenheit, Gott auch auf Durststrecken die Führung zu überlassen. Sie sahen nur sich und ihre gegenwärtigen Bedürfnisse.

Aber Gott will mehr sein als nur der Erfüller unserer Wünsche und Bedürfnisse. Gott will der sein, dem wir uns rückhaltlos anvertrauen.

Dieser Text wird uns in der Mitte der Fastenzeit vorgelesen. Wir stehen in der Halbzeit bis Ostern. Für mich ist das ein Sinnbild für unser Leben. Die Spanne zwischen Geburt und Tod, die wir leben, ist im übertragenen Sinn auch eine Durststrecke. Ein einziges Unterwegssein auf das Ziel hin, das für uns das ewige Leben bei Gott ist. Mit Ostern, mit der Auferstehung, ist dieses Ziel erreicht. Indem uns heute vor

Augen gehalten wird, wie man sich *nicht* verhalten soll, wenn eine Durststrecke kommt, will die Bibel gleichzeitig unseren eigenen Glauben stärken. Sie will uns davor bewahren, den Mut zu verlieren und nach rückwärts zu starren. Sie will vielmehr unser Vertrauen stärken, daß Gott immer in unserer Mitte ist und uns führt. Sie will, daß wir gerade auf den Durststrecken unseres Lebens nicht fragen: »Wozu? Sollen wir hier verdursten und auf der Strecke bleiben?«, sondern daß wir vertrauensvoll beten: »Der Herr ist mein Hirt, er führt mich an Wasser des Lebens.«

4. Fastensonntag

Joh 9, 1–41

Bei solchen Begebenheiten, wie wir sie gerade im Evangelium gehört haben, geraten wir leicht in die Versuchung zu sagen: Das war damals, aber heute ist Jesus nicht mehr da, und darum geschehen auch keine solchen Wunder mehr. Ich bezweifle, ob das stimmt. Vielleicht fragen und suchen wir zuwenig danach?

Eine andere Frage jedenfalls ist bis heute aktuell. Es ist die Frage der Jünger: »Wer hat gesündigt? Er selbst – oder seine Eltern?«

So fragen auch wir, wenn wir ein schlimmes Ereignis, eine Krankheit oder ein Unglück nicht verstehen können. »Wer ist schuld daran? Der Betroffene selbst? Oder hat er das von seinen Eltern geerbt? Liegt das in der Familie?«

Wir meinen: Irgendwer oder irgendwas muß doch daran schuld sein. Und wenn wir nichts und niemanden finden, dem wir die Schuld geben können, dann fragen wir nach Gott. »Wie kann Gott das zulassen?« heißt es dann.

Ich denke, es ist richtig, so zu fragen und zu denken. Aber wir erfassen dadurch nur die halbe Wahrheit. Die Krankheit, das Leid, das Unglück – das ist nur die eine, die dunkle Hälfte des Lebens. Dafür machen wir Gott gern verantwortlich. Und die andere Hälfte? Das Schöne, die Gesundheit und das Glück?

Jesus sagt: »An diesem Menschen sollen die Werke Gottes offenbar werden. An ihm soll sichtbar werden, daß Gott es ist, der das Gute schenkt. Denn Gott ist nicht nur der, der die Krankheit, die Blindheit und das Unglück zuläßt – wer weiß, warum. Gott ist vor allem der, der die Gesundheit schenkt, das Augenlicht und das Glück.« Darum ist es einseitig, wenn wir immer nur fragen: »Wer ist schuld? Wie kann Gott das zulassen?«

Wir müßten ja genauso fragen: »Wie kann Gott das eigentlich zulassen, daß es mir so gut geht, daß ich einigermaßen gesund bin, arbeiten kann oder sehen kann?«
Diese Geschenke Gottes nehmen wir so selbstverständlich hin, ohne uns viele Gedanken zu machen und ohne dafür zu danken. Damit uns das wieder neu bewußt wird, heilt Jesus diesen Blinden. Alle sollen sehen, daß es Gott ist, der heil macht.
Damals staunten die Leute über Jesus. Heute staunen wir über die Ärzte und die medizinische Technik.

- Ich kenne wenigstens zwei Frauen aus unserer Gemeinde, die durch eine Star-Operation besser sehen als vorher, da sie fast blind waren.
- In der Zeitung stand neulich, daß viele Blinde nun wieder sehen können, weil man eine künstliche Tränendrüse entwickelt hat.

Auch diese technischen Wunder haben mit Gott zu tun. Wenn Menschen ihr Wissen und Können nach Gottes Willen einsetzen und anderen damit helfen, dann ist das wunder-bar.
Aber auch wenn wir keine Ärzte und Techniker sind, können wir uns einsetzen, daß andere wieder sehen. Denn es gibt unter uns viele Blinde, die wir leicht heilen können. Es sind die einsamen Menschen. Denn Einsamkeit macht blind. Wer einsam ist, sagt: »Es läßt sich keiner mehr *sehen*!« Darum müssen solche Menschen so oft und so viel fern-*sehen*, weil der nächste Mensch, die nächsten Angehörigen sich nicht mehr *sehen* lassen.
Wenn sich keiner mehr *sehen* läßt, dann wird die Welt immer kleiner, leerer, enger und dunkler. Dagegen können wir ganz einfach etwas zu tun. Wir brauchen uns nur *sehen zu lassen*. Dann werden wir für diese Menschen auch zum Licht ihrer Welt. Wenn wir uns *sehen lassen*, dann werden auch sie etwas *sehen*: nämlich Güte, Zuwendung und Aufmunterung. Eine jüdische Weisheit sagt, daß die Nacht

dann zum Tag wird, wenn ich das Gesicht des Nächsten sehen kann.
Es ist gut, sagt Jesus, wenn wir diese Werke tun, solange es noch Tag ist, das heißt solange wir noch leben und wirken können. Es kommt die Nacht, in der niemand etwas tun kann. Dann ist es zu spät.
Wichtig ist also, daß wir nicht so oft die Fragen der Jünger stellen, wer oder was an einem schlimmen Zustand schuld ist. Mir scheint, daß es viel wichtiger ist, danach zu fragen, was *wir tun* können. Und da gibt es eine ganze Menge. Dann werden sich auch heute noch Wunder ereignen, die wir nicht für möglich gehalten hätten.

5. Fastensonntag

Joh 11,3–7. 17. 20–27. 34–45

Die Auferweckung des Lazarus ist das letzte große Wunder, das Jesus im Johannesevangelium wirkt, bevor er selbst nach Jerusalem geht. So wie Johannes sein Evangelium aufbaut und ordnet, folgt er ganz einem Wort, das Jesus einmal gesagt hat: »Ich bin gekommen, damit sie das Leben haben und es in Fülle haben.«

Nach diesem Wort handelt Jesus – angefangen bei der Hochzeit von Kana, wo er das Fest rettet, über die Heilung des Blindgeborenen, von der wir am vorigen Sonntag gehört haben, bis hierher, an das Grab des Lazarus. »Ich bin gekommen, damit sie das Leben haben und es in Fülle haben.«

Die Leute sollen sehen, daß Jesus nicht nur über Krankheiten und Dämonen die Macht hat, sondern daß er auch stärker ist als der Tod.

Es hat den Anschein, als ob Jesus ganz genau plant und ganz und gar wissend handelt. Er regt sich überhaupt nicht darüber auf, als man ihm meldet: »Dein Freund Lazarus ist krank.« – Anstatt gleich hinzueilen, wartet er bewußt noch ein paar Tage ab – als ob er ganz sicher gehen möchte, daß Lazarus wirklich tot ist, wenn er ankommt.

Man könnte den Eindruck bekommen, daß Jesus hier ziemlich arrogant erscheint. Er weiß alles im voraus. Er sagt sogar noch, daß diese Krankheit nicht zum Tode führt, sondern der Verherrlichung Gottes dient. Ist es nicht makaber, von einer Krankheit als »Verherrlichung Gottes« zu sprechen? Und ist es nicht unfair, den armen Mann sterben zu lassen, die Angehörigen trauern zu lassen, um ihn dann am Schluß doch wieder lebendig zu machen?

Damit wir Jesus nicht mißverstehen: Solche Züge trägt er nun einmal im Johannesevangelium. Jesus ist beim Evangelisten Johannes ganz und gar der Überlegene, ganz und gar

der Sohn des allmächtigen Vaters. Bei keinem anderen Evangelisten wird so sehr betont, daß Jesus alles ganz genau wußte und ganz zielbewußt handelt. Jesus weiß, ob und wann seine Stunde gekommen ist.
Wahrscheinlich hängt das damit zusammen, daß zu der Zeit, als Johannes sein Evangelium aufgeschrieben hat, schon wieder der Verdacht umging, daß es sich bei der Auferstehung Jesu um ein abgekartetes Spiel gehandelt habe. Demgegenüber will Johannes betonen: Jesus hat alles gewußt – und gerade deshalb ist er freiwillig für uns in den Tod gegangen. Jesus hat auch um seine eigene Auferstehung gewußt.
Aber die Frage war: Wird man glauben, daß er auferstehen wird? Wird man denen glauben, die verkündigen: »Er ist auferstanden«?
Darum berichtet Johannes die Auferweckung des Lazarus unmittelbar vor dem Leidensweg Jesu. Die Leute sollen sehen und glauben, daß er die Macht über den Tod hat. Die Leute sollen bei seiner Auferstehung sehen und glauben, daß der Tod endgültig besiegt ist, daß Jesus wirklich gekommen ist, damit wir das Leben haben und es in Fülle haben.
So ist das Evangelium von der Auferweckung des Lazarus im Grunde eine vorweggenommene Ostergeschichte.
Nicht zufällig sind daher auch manche äußeren Umstände sehr ähnlich.

- Lazarus liegt in einer Grabhöhle mit einem schweren Stein davor. Er liegt darin schon vier Tage.
  Jesus wird drei Tage in einer Grabhöhle liegen, mit einem schweren Stein davor.
- Lazarus ist mit Binden und einem Schweißtuch bedeckt, als er herauskommt.
  Im Grab Jesu werden die Binden und das Schweißtuch sauber zusammengefaltet dortliegen.

Und das deutet auch den Unterschied zwischen beiden Auferstehungen an. Jesu Auferstehung ist anderer Art,

nämlich endgültig. Jesus hat die Grenze überschritten, die der Tod für uns markiert. Er lebt und ist für immer bei Gott. Von dort her ist er uns beständig nahe.
Lazarus dagegen bleibt diesseits der Todesgrenze. Er wird eines Tages wieder sterben müssen, um endgültig auferstehen zu können. Dann wird ihn Jesus von der anderen Seite der Grenze her anrufen, die der Tod für uns markiert.
Für uns bleibt beim Hören dieses Evangeliums vielleicht die Frage zurück: Warum *nur* Lazarus? Warum macht Jesus nicht auch meinen Mann, meine Frau, meinen Freund, unser Kind wieder lebendig, wie er es bei Lazarus tat? Warum ruft er diese Menschen nicht wieder in das Leben zurück? Und es bleibt der leise Vorwurf an Jesus: »Herr, wenn du hiergewesen wärest, dann wäre dieser Mensch nicht gestorben!«
Die Antwort bleibt offen. Jesus wollte nicht sagen, warum es den Tod und warum es so scheinbar sinnloses und grausames Leid gibt: Krebs, Aids, Unfälle ...
Für Jesus gehört der Tod zum Leben. Wenn er Lazarus wieder lebendig gemacht hat, dann deswegen, damit die Leute glauben konnten, daß mit dem Tod nicht alles aus ist. Denn was nützt es, einen Menschen wieder lebendig zu machen, seinen Todestag hinauszuschieben, wenn dann doch nichts mehr kommt? Die Leute sollten sehen und glauben, daß Gott das Leben will. Und Jesus zeigt hier: »Ich bin die Auferstehung und das Leben. Wer an mich glaubt, wird leben, auch wenn er stirbt.«

2. Sonntag der Osterzeit

Apg 2, 42–47

Neue Besen kehren gut, sagt ein Sprichwort. Diese Redensart drängt sich mir förmlich auf, wenn ich die heutige Lesung höre. Lukas erzählt vom Leben der Neubekehrten. Zugegeben – er zeichnet hier ein Idealbild. Vielleicht haben Sie vorhin beim Zuhören auch im stillen gedacht: Mein Gott, da sind wir aber noch weit davon entfernt! Was für ein Unterschied zwischen unserer Gemeinde und der ersten Christengemeinde! – Wenn es so war, dann hat Lukas genau das erreicht, was er beabsichtigt hat. Er wollte seiner eigenen Gemeinde nämlich auch einen Spiegel vorhalten. Er wollte seiner eigenen Gemeinde das Leben der ersten Christen als Vorbild hinstellen.

Man macht der Kirche und den Christen heute immer wieder den Vorwurf, daß sie sich vom Evangelium Jesu Christi entfernen. Dieser Vorwurf ist berechtigt.

Lukas hat schon sechzig Jahre nach dem Tod und der Auferstehung Jesu seine Gemeinde korrigieren müssen, weil sie nicht mehr so gelebt hat, wie Christen eigentlich miteinander leben sollten. Da wird es 2000 Jahre nach Christus erst recht notwendig sein, sich wieder auf die Anfänge zu besinnen.

Ich glaube, daß es uns bestimmt nicht schaden kann, wenn wir einmal genau hinschauen, was Lukas unter *Christsein* und unter *Gemeinde* versteht.

Die Menschen, von denen er erzählt, sind *Neu*bekehrte. Am Beginn ihres neuen Lebens als Christen stand die Taufe. Die Predigten und Zeichen der Apostel zu Pfingsten haben sie so beeindruckt, daß sie sich gesagt haben: »Jetzt muß sich etwas ändern!« Und als ersten Schritt, als äußeres Zeichen gewissermaßen, haben sie sich taufen lassen. Aber, sagt Lukas, mit der Taufe allein war es noch lange nicht getan. Die Taufe war der Anfang. Wichtig sind aber noch zwei andere Dinge. Wenn diese nicht hinzukommen, bleibt die Taufe wirkungslos. Wichtig ist

- die Unterweisung in der Lehre der Apostel und
- das Hineinwachsen in die Gemeinschaft der Getauften, in die Gemeinde.

Die Unterweisung in der Lehre der Apostel – das war sicher kein Katechismus- oder Religionsunterricht, wie wir ihn kennen. Das war Erzählen von und über Jesus. Im Unterschied zu uns heute haben sich die ersten Christen weniger als Kirchenmitglieder verstanden, sondern als Jüngerinnen und Jünger Jesu.
Es geht also darum, sagt Lukas, daß jede(r) Getaufte erst einmal Jesus kennen- und lieben lernt und ihn als Herrn über das eigene Leben akzeptiert.
Hand in Hand damit geht das Hineinwachsen in die Gemeinschaft der Getauften und Gläubigen. Und die zeigt sich nach Lukas auf dreierlei Weise:

- als Mahlgemeinschaft
- als Gebetsgemeinschaft
- als Gütergemeinschaft

Für Lukas steht fest, daß echte Verbundenheit mit Jesus auch zur Verbundenheit untereinander führt – und daß diese Verbundenheit Wirkung zeigt:
Die Wirkung nach *außen* war, daß man beeindruckt und betroffen war von den wunderbaren Dingen, die diese Jesusgläubigen zustande gebracht haben.
Das machte diese ersten Christen attraktiv und sympathisch. »Sie waren beim ganzen Volk beliebt.« Allein durch ihr Leben und ihre vorbildliche Gemeinschaft wirkten diese Christen schon missionarisch. »Und der Herr fügte die ihrem Kreis hinzu, die gerettet werden sollten« – also die, die er sich auserwählt hatte und die sich selbst auch retten lassen wollten.

Die Wirkung nach *innen*, auf die Gemeinschaft selber, war ein immer stärkerer Zusammenhalt, war die Bereitschaft, alles miteinander zu teilen, und das bewirkte »Freude und Einfalt des Herzens«.
Dieser Text von Lukas weckt Sehnsucht. Bei mir jedenfalls weckt er den Wunsch, doch auch in so einer Gemeinde leben zu können. Bei mir weckt er den Wunsch, manches zu verändern, was dem entgegenläuft. Und ich spüre ganz deutlich, was bei uns eben nicht so ist, wie es nach Lukas sein sollte:

- wie vereinzelt wir vielmehr unser Christsein leben oder nicht leben,
- wie wenig bei uns von echter Gemeinschaft zu spüren ist,
- wie wenig attraktiv wir heute auf Außenstehende und Nichtchristen wirken,
- wie sehr wir uns in Grüppchen und Vereine aufsplittern,
- wie selten noch Zeichen und Wunder durch uns Christen geschehen,
- wie wenig wir uns als Freundinnen und Freunde von Jesus verstehen ...

Wahrscheinlich liegt darin der Grund für unser Versagen. Denn für Lukas ist es ja das tiefe Bewußtsein, *gemeinsam zu Jesus zu gehören*, was letztendlich diese Gemeinschaft bewirkt. Ist es das, was uns fehlt?
Immerhin haben wir heute wieder einen Anlauf gemacht, uns auf den richtigen Weg zu begeben. Wir sind hier als Gemeinde – als Mahlgemeinde und Gebetsgemeinde. Nachher bei der Kommunion wird deutlich, daß wir zu Jesus gehören – nicht nur als einzelne, sondern als Gemeinde.
Es wäre schön und ganz im Sinne von Lukas, wenn wir diese Gemeinschaft dann fortsetzen würden; wenn wir nicht nur hier das Brot miteinander teilten, sondern auch unser Leben: unsere Freuden und unsere Sorgen, unseren Glauben und unsere Zweifel, ja auch unser Hab und Gut.

Das kann auf vielerlei Weise geschehen – innerhalb der Gemeinde: Wenn Gruppenmütter ihr Wohnzimmer für die Kommunionvorbereitung zur Verfügung stellen und für die Bewirtung sorgen oder wenn andere bereitwillig und umsonst unsere Senioren zu gemeinsamen Treffen mit dem Auto fahren, dann ist das solches Teilen. Das kann auch über die eigene Gemeinde hinausgehen: Die großen Kollekten des Jahres – Adveniat und, jetzt in der Fastenzeit, Misereor – wollen uns zum Teilen aufrufen. Einen Teil unseres – mühsam verdienten – Geldes sollen wir unseren Mitchristen in den armen Ländern abgeben. Das mag schwerfallen. Doch es geht, wenn wir es tun aus dem Bewußtsein und dem Glauben heraus, daß wir – weil wir Christen sind – alle schon durch Jesus miteinander verbunden sind. Wenn der Text von Lukas auch bei Ihnen diese Sehnsucht geweckt hat, dann ist schon etwas Wichtiges passiert. Dann laßt uns jetzt nicht verzagen und seufzen: »Das ist ja unmöglich«, sondern laßt uns Jesus Christus bitten, daß er uns so an sich bindet und untereinander verbindet, daß wir *seine* Gemeinde werden können.

3. Sonntag der Osterzeit

1 Petr 1,17–21

In dieser Lesung werden ganz wichtige Gedanken für uns angesprochen.

Glauben als sinnvolle Lebensweise

Der Verfasser des 1. Petrusbriefes schreibt für Menschen, die früher Heiden waren und dann zum Glauben gekommen sind. Ihnen will er sagen: »Früher war eure Lebensweise sinnlos. Ihr habt eigentlich gar nicht gewußt, wofür ihr lebt. Aber jetzt, wo ihr gläubig seid, ist euer Leben sinnvoll. Christus hat euch aus dieser früheren sinnlosen Lebensweise herausgeführt.«
Das, was Petrus mit *sinnloser Lebensweise* meint, kennen auch wir – entweder aus eigenem Erleben oder aus unserer Umgebung. Ein kleines Gleichnis kann das deutlich machen:

Ein Fischer sitzt am Strand und blickt auf das Meer, nachdem er seinen Fang auf den Markt gebracht hat. Ein Tourist beobachtet ihn und fragt, warum er keinen Kredit aufnehme. Dann könne er einen Motor kaufen und das Doppelte fangen, was wiederum das Geld für einen Kutter und für einen zweiten Mann einbrächte. Und zweimal täglich auf Fang gehen, das hieße das Vierfache vom jetzigen verdienen. Warum er eigentlich hier herumtrödele und auf das Meer hinausschaue? – Auch ein dritter Kutter könne angeschafft werden, überhaupt, man könne das Meer viel besser ausnutzen: ein Stand auf dem Markt, ein paar Angestellte, ein Fischrestaurant, eine Konservenfabrik ... Dem Touristen leuchten schon die Augen. »Und dann?« unter-

bricht ihn der Fischer. – »Dann bräuchten Sie gar nichts mehr zu tun. Dann könnten Sie den ganzen Tag hier sitzen und glücklich auf das Meer hinausschauen«. – »Genau das tue ich jetzt schon«, sagt der Fischer. [1]

Ich denke, da steckt alles drin, was sinnlose Lebensweise ausmacht. Wenn jeder nur an sich denkt und an sein Vorankommen, wenn Ellbogen eingesetzt werden, um es besser zu haben, wenn man schafft bis zum Umfallen, nur um immer mehr Luxus zu haben – das ist sinnlos. Es macht nicht glücklich und nicht freier. Es steckt zwar eine Sehnsucht nach Glück und Freiheit dahinter – aber Reichtum, Ehre und Ansehen machen das Glück nicht aus.

Der, der glaubt, hat eine andere Sicht von den Dingen. Er weiß sich von Gott angenommen und geliebt – und das macht ihn glücklich und frei. Das ist das Wichtigste. Deswegen haben auch die Dinge und Sorgen des täglichen Lebens einen anderen Stellenwert.

Es gibt noch andere Dinge, die unser Leben sinnvoll machen können.

- mich einsetzen mit meinen Fähigkeiten für andere oder für etwas, was größer ist als ich,
- schenken und hergeben,
- verzeihen,
- mich einfühlen in andere, um herauszufinden, was ihnen fehlt oder was sie brauchen,
- Dankbarkeit zeigen und empfangen ...

Man könnte eigentlich sagen: Alles, was zum Wohl anderer ist und sie glücklicher und freier macht, das ist auch zu meinem Wohl und macht mein Leben sinnvoll. Alles, was ich nur egoistisch tue, damit es mir selbst besser geht, ist letztlich sinnlos. Es weckt nur den Hunger nach immer mehr. Aber das Reich Gottes unter uns wächst dadurch, daß es durch uns anderen besser geht – und damit allen. Gott will, daß wir unseren Blick lösen von diesem dauernden Schaffen, Verdienen und Leisten. Gott will, daß wir uns Gedanken machen, wie er in unserem Leben, im Leben unserer Gemeinde seinen Platz bekommen kann.

Wer so lebt, lebt als Fremder

Wer so lebt, lebt als Fremder, sagt Petrus. Wer so lebt, der bleibt den anderen fremd. Wie ein Exote unter Europäern. Denn das normale ist die sinnlose »Haste-was-dann-biste-was«-Lebensweise. Und wir leben als Christen immer mehr in einer nicht-christlichen Umgebung, unter Menschen, die Gott nicht kennen oder kennen wollen.
Sie selbst erfahren das vielleicht auch schon, wenn Ihre Kinder plötzlich einen Freundeskreis haben, wo keiner gläubig ist. Wir dürfen immer weniger davon ausgehen, daß Menschen, die uns begegnen, Christen sind – auch wenn sie einmal getauft wurden. Früher war das noch so. Heute ist es umgekehrt. Die Christen sind in der Minderheit. Wenn wir nicht Gefahr laufen wollen, uns selbst dieser sinnlosen Lebensweise anzupassen, dann leben wir als Fremde. Wir werden auf Unverständnis stoßen, belächelt oder abgelehnt werden. Wir bleiben den anderen fremd.

Leben in Gottesfurcht als Aufgabe

Gerade deshalb ist es unsere Aufgabe, unsere Berufung als Christen ernst zu nehmen und in »Gottesfurcht« zu leben. Gottesfurcht heißt nicht Angst haben vor Gott, sondern das meint: Wir dürfen und können überall mit Gott rechnen. Denn deswegen ist Christus von den Toten auferstanden, damit uns klar wird: Gott hat die Macht, überall einzugreifen. Deswegen können wir mit Gottes Hilfe rechnen. Deswegen dürfen wir an ihn glauben und auf ihn hoffen. Und dieser Glaube macht es möglich, daß wir aus der sinnlosen und hoffnungslosen Lebensweise aussteigen und anderes für wichtiger halten. Das sagt auch eines der neuen geistlichen Lieder:

Hört man uns nicht auf den lärmenden Straßen, dennoch singen wir.
Ist unser Lied in den Wind geblasen, dennoch singen wir.
Haben wir auch zum Schöpfen nur Siebe, dennoch schöpfen wir.
War es auch zehnmal vergebliche Liebe, dennoch lieben wir.[2]

[1] Text nach: Peter Bleeser (Hg.): Geschichten für Sinndeuter, Bd. 3, Düsseldorf 1991, S. 51.
[2] Text: Gerhard Schöne, nach »Grüne Welle«, aus: »Ehre sei Gott auf der Erde«, Telgte 1974.

4. Sonntag der Osterzeit

Apg 2, 14a. 36–41

Von der Predigt, die Petrus damals an Pfingsten gehalten hat, heißt es, daß sie die Leute mitten ins Herz getroffen hat – und daß daraufhin 3000 Menschen ihr Leben geändert haben. Heute richtet Petrus dieselbe Predigt an uns, die knapp 300, die zu diesem Gottesdienst gekommen sind. Ob sie auch uns mitten ins Herz trifft? Ob auf diese Predigt hin heute auch noch Menschen ihr Leben ändern?

Damals hat Petrus zu den Juden gesprochen, zu seinen Mitgläubigen. Für sie war das wichtigste, daß sie zum auserwählten Volk Gottes gehören. Das machte sie stolz. Petrus gibt ihnen aber einen Dämpfer. Er zeigt ihnen nämlich ihre Schuld auf: Sie haben Jesus nicht erkannt und nicht anerkannt als den, der er ist: nämlich als Herrn und Messias. Im Gegenteil – sie haben ihn umgebracht im Glauben, daß sie damit Gott und sich selber einen Gefallen tun. Sie haben Jesus nicht als den Herrn behandelt, sondern wie einen Verbrecher.

Dieser Vorwurf trifft sie mitten ins Herz, und sie fragen: »Was sollen wir tun? – Wie können wir diese Schuld wiedergutmachen? Wie können wir vor den Augen Gottes mit dieser Schuld weiterleben?«

Darauf antwortet Petrus ihnen: »Laßt euch taufen auf den Namen Jesu Christi. Damit erkennt ihr ihn als den Herrn an. Und durch die Taufe wird euch die Schuld vergeben, und ihr könnt neu anfangen. Aber versteht recht: Das ist ein Angebot! Doch ich beschwöre euch: Laßt euch retten aus dieser verdorbenen Generation!«

Immerhin haben damals 3000 Menschen dieses Angebot angenommen und sich taufen lassen. Soweit, so gut.

Aber wieso, bitte, soll diese Predigt für uns heutige Menschen auch noch gelten?

Wir sind doch schon getauft. Wir haben doch die Möglichkeit, uns die Sünden vergeben zu lassen. Wir haben doch nicht solche Schuld auf uns geladen wie die Juden damals – und wieso sollen wir einer verdorbenen Generation angehören, aus der wir uns retten lassen müßten?
Ja – wir sind getauft. Wir gehören zum neuen Volk Gottes, zur Kirche. So wie damals die Juden zum Volk Gottes gehört haben. Aber: Sind wir es wirklich?
Die Juden haben Jesus nicht erkannt und nicht anerkannt. Sind wir heute besser? Wie behandeln wir eigentlich Jesus Christus, dessen Namen wir tragen?
Wir lassen ihn einen guten Mann sein. Wir nehmen ihn nicht ernst. Wir hängen sein Kreuz in unsere Wohnungen und um unsere Hälse, aber wir lassen ihn hängen. Er spielt doch letztendlich für unser Leben keine Rolle. Wie viele von uns haben denn wirklich eine echte, persönliche Beziehung zu ihm? Wie viele von uns wurden getauft und lassen ihre Kinder nur deshalb taufen, weil es immer so war und weil sich das halt so gehört? Und wie viele von uns würden wirklich ehrlich sagen, daß sie froh sind, ein Christ oder eine Christin zu sein?
Ist es nicht so, daß wir Jesus genauso umbringen – lautlos und unbemerkt? Daß wir ihn töten durch Nichtbeachtung und Gleichgültigkeit? – Vor Jahren haben Theologen einen Satz von Friedrich Nietzsche aufgegriffen und gesagt: Gott ist tot. Gott spielt keine Rolle mehr. Gott wird nicht mehr gebraucht. Und ein Pfarrer unserer Tage hat das Wort vom »praktischen Atheismus« geprägt. Damit meint er: Die meisten Christen *sagen* zwar, daß sie an Jesus glauben, aber sie *leben* so, daß man nichts davon merkt.
Ist unsere Schuld geringer als die der Juden, zu denen Petrus damals gesprochen hat? Trifft uns dieser Vorwurf auch ins Herz – oder lassen wir ihn an uns abprallen? Fragen wir uns ehrlich, was wir tun sollen – oder sagen wir uns selber, daß wir doch schon alles tun?
Was sollen wir tun?

Petrus sagte: »Bekehrt euch und laßt euch taufen auf den Namen Jesu zur Vergebung der Sünden.« –
»Ja, aber wir sind doch schon längst getauft. Wir gehen doch zum Beichten und lassen uns die Sünden vergeben!«
Vielleicht meint Petrus für uns, daß wir unsere Taufe erst einmal ernst nehmen müssen. Spielt es für uns denn wirklich eine Rolle, *daß* wir getauft sind? Sehen wir uns wirklich in erster Linie als Christen, als Leute, die zu Jesus gehören? Oder ist für uns viel wichtiger, daß wir ein X-dorfer sind oder ein Mitglied der Familie Y, oder daß wir einen bestimmten Beruf, Titel oder sonstwas haben?
Würden wir unsere Taufe ernst nehmen, würden wir die Tatsache, daß wir Christen sind, wichtiger nehmen als alles andere – dann würden wir aussteigen aus dieser »verdorbenen Generation«, dann würden wir uns »retten lassen«, wie Petrus sagt. Denn dann wären wir immun gegen die Verseuchung durch Neid, Intrigen, Ansehen und Karriere, die wir leider auch unter uns erleben.
Wie gesagt: Damals haben sich 3000 Menschen retten lassen. Sie sind übergewechselt aus dem alten in das neue Volk Gottes, das nicht nur so geheißen hat, sondern den Namen wirklich verdient hat.
Es wäre bestimmt im Sinne von Petrus, wenn wir 300 heute ebenfalls überwechseln aus der Masse der Christen, die nur noch so heißen, in die Minderheit der Christen, die wirklich Ernst machen mit diesem Namen.
»Was sollen wir tun?« – »Nehmt es ernst, daß ihr getauft seid auf den Namen Jesu Christi«, sagt Petrus uns heute, »und macht das zur Grundlage eures Lebens und Zusammenlebens.«

5. Sonntag der Osterzeit

Joh 14, 1–12

Zwei Worte im heutigen Evangelium lösen bei mir Erinnerungen aus: *Weg* und *Wohnung*. Sie erinnern mich an manchen Urlaub, als ich allein mit dem Rucksack unterwegs war. Damals habe ich allerlei *Weg*erfahrungen gemacht: Zuallererst muß man sich einen Ruck geben, um wirklich aufzubrechen, sich auf den Weg zu machen. Dann braucht man Pausen. Man verläuft sich mal, muß wieder umkehren. Jeden Tag kommt irgendwann der Moment, wo man nicht mehr weiter will. Man überwindet diesen Punkt und kommt schließlich am Ziel an.

Auch das Ankommen ist etwas Herrliches. Ich weiß, jetzt ist für mich ein Platz bereitet. Ich kann duschen, ein gutes Essen zu mir nehmen, ein Glas Wein trinken und ins Bett kriechen. Mehr brauche ich gar nicht. Und am nächsten Tag geht es weiter.

Diese Erfahrungen sind für mich zu einem lebendigen Gleichnis geworden. Das Leben ist so ein Weg, so eine Wanderung, eine Pilgerreise.

Weg heißt im Griechischen »hodos«. Der Weg zu einem Ziel heißt »methodos«. So gibt es viele »Methoden«, sein Leben zu meistern.

Christus sagt: »Ich bin der Weg, die Wahrheit und das Leben. Wer so lebt wie ich, der kommt an. Wer nach meiner Methode lebt, kommt vielleicht nicht immer bei den Leuten an, aber er kommt ans Ziel. Der findet Gott. Der findet Sinn im Leben, der findet Heimat bei Gott.«

Heimat, Wohnung – das ist das zweite Stichwort. »Im Haus meines Vaters sind viele Wohnungen«, sagt Jesus, »und ich gehe hin, euch einen Platz zu bereiten.«

Meistens hören wir diese Schriftstelle im Requiem oder bei der Beerdigung. Wenn einer heimgegangen ist zu Gott,

dann geben uns diese Worte Trost. Aber das ist nur die halbe Wahrheit. Das Evangelium sagt viel mehr: Für jeden ist Platz bei Gott. Ganz verschiedene Menschen, jeder mit seinen Eigenarten – alle haben Platz bei Gott. Das Evangelium ist für uns also zunächst ein Zuspruch. Jesus sagt uns, daß wir bei Gott erwünscht sind, daß wir ein Wohnrecht bei ihm haben. Dadurch wird dieses Evangelium auch zum Anspruch. Es fordert von uns, auch anderen diese Zusage zu geben und ihnen Platz zu schaffen.
Wenn das wirklich so ist, wenn jeder bei Gott Platz hat, dann brauchen wir nicht erst zu warten, bis einer stirbt, um solche Worte hervorzuholen. Dann können wir doch jetzt schon davon einen Vorgeschmack geben. Denn dann sind solche Worte nicht nur eine Vertröstung auf das ewige Leben bei Gott. Dann liegt es doch an uns, hier schon davon Zeugnis zu geben. Dazu gibt es beispielsweise die Kirche und die Pfarrgemeinde. Sie können so ein Ort sein, wo jeder daheim sein darf, wo für jeden und jede Platz ist. (Und wenn wir hier beispielsweise ein Pfarrheim bauen, dann kann das ein Zeichen dafür sein, daß wir jedem einen Platz geben wollen. Alle sollen einen Raum haben, wo sie sich entfalten und leben können.)
Als Christen dürfen wir uns aber nicht nur auf unsere Gemeinde beschränken. Wenn Gott für uns Platz hat, dann sollen wir auch für unsere Mitmenschen Platz haben, und vor allem für diejenigen, die keiner will. Deshalb hat es mich erschüttert, wie ich dieser Tage von einer Gemeinde aus unserem Landkreis gelesen habe, daß aus einem leerstehenden Hotel keine Wohnungen für Asylanten geworden sind, sondern ein Tanzcafé. Anscheinend sind auch bei Christen manche Menschen unerwünscht.
Wir sollen anderen diese Botschaft sagen: Jesus geht zum Vater, um uns Platz zu schaffen. In heutiger Sprache würde Jesus vielleicht sagen: »Ich geh dir schon mal voraus, ich laß dir schon mal ein heißes Bad einlaufen, ich mach dir schon etwas Gutes zu essen.«

Glauben heißt einfach, dieses Bild mit sich zu tragen. Das gilt für mich, und es gilt für jeden Menschen. Manche können es vielleicht nicht glauben, wenn ich es ihnen nur sage. Manche glauben es leichter, wenn sie es auch erleben: Gastfreundschaft ist etwas Heiliges. Manche brauchen vielleicht erst einmal Menschen, die sie aufnehmen, beherbergen und ihnen Raum geben, damit sie dann auch glauben können, daß Gott genauso ist. Daß er da ist, daß er auf mich wartet, daß ich bei ihm daheim sein und mich ausruhen kann, daß ich ihm alles erzählen darf.
Das jedenfalls ist der Weg, den Jesus gegangen ist. Seine Methode, Menschen zu Gott zu führen, war es, ihnen Raum zu schaffen, in dem sie leben können. Darum kann Jesus von sich sagen: »Ich bin der Weg, die Wahrheit und das Leben.« Diesen Weg nach-gehen, nach dieser Methode leben heißt: Christ sein.

6. Sonntag der Osterzeit

1 Petr 3, 15–18

Wenn man herausbekommen will, wie die Leute über eine bestimmte Sache denken, dann macht man am besten eine Umfrage. Angenommen, es interessiert sich jemand für die Frage, wie die Christen über sich selbst und über ihren Glauben denken, und angenommen, er macht eine Umfrage auf der Straße. Welche Antworten würde er wohl zu hören bekommen?

»Entschuldigen Sie, sind Sie Christ?«
»Ja, bin ich.«
»Man hört immer, die Christen seien Leute, die Hoffnung haben. Darf ich Sie fragen, von welcher Hoffnung Sie leben?«
»Tja, das ist schwierig. Da kann ich nicht so schnell antworten. Darüber habe ich eigentlich noch nie nachgedacht ... Wissen Sie, ich hab' das halt alles so gelernt, ich bin einfach so erzogen werden. Irgendeinen Glauben muß der Mensch doch haben, oder?«

Solche oder ähnliche Antworten wären wahrscheinlich gekommen. Ich gebe zu: es wird sicher kaum jemand auf der Straße oder an der Wohnungstür mit so einer Frage an mich herantreten. Ich könnte mich also beruhigt zurückziehen und mir das Nachdenken ersparen. Aber vielleicht taucht diese Frage doch einmal auf – wenn auch in anderer Verpakkung. Vielleicht lautet sie dann:

»Woher nehmen Sie eigentlich die Kraft, für diesen kranken Angehörigen zu sorgen?«
»Woher nehmen Sie eigentlich die Geduld für Ihr behindertes Kind?«
»Wie kommt es, daß Sie immer fröhlich, so optimistisch und hoffnungsvoll sind?«

Deswegen hat es mich gereizt, an dieser Frage dranzubleiben. Petrus sagt ja in seinem Brief: »Seid jederzeit bereit, Rede und Antwort zu stehen, wenn ihr nach der Hoffnung gefragt werdet, aus der ihr lebt!«
Das ist schon interessant. Petrus setzt voraus, daß Christen Leute sind, die eine Hoffnung haben. Und er setzt auch stillschweigend voraus, daß man von dieser Hoffnung etwas merkt – denn sonst käme ja niemand auf die Idee, die Christen danach zu fragen.
An diesem Punkt muß ich mir selber die Frage stellen: Bist du jemand, der eine Hoffnung hat? Das Gegenteil von Hoffnung ist Verzweiflung oder Resignation. Von welcher Grundstimmung ist mein Leben geprägt? – Und: Hoffnung richtet sich auf die Zukunft, wie immer sie aussehen mag. Erwarte ich etwas von der Zukunft? Gutes? Glaube ich, daß es eine Zukunft gibt, oder sage ich wie viele: »No Future«, keine Zukunft, keine Lebensmöglichkeit?
Wenn ich also ein Mensch mit einer Hoffnung bin, dann kann ich weiter fragen, was das für eine Hoffnung ist.
Für mich als Christ hat Hoffnung einen Namen. Für mich ist es nicht eine namenlose, unpersönliche Zukunft, sondern sie ist verbunden mit dem Namen »Gott«. Also frage ich weiter, was Gott mit meiner Zukunft zu tun hat und was ich von ihm erwarte und erhoffe.
Ich gebe zu, da bin ich auch als Theologe ganz schön ins Schwitzen gekommen. Ich könnte jetzt viele gelehrte Bücher aufschlagen und nachschauen, was da geschrieben steht. Aber es geht ja um *meine* Hoffnung, um das, was ich persönlich für mein Leben erhoffe und glaube. Daher habe ich versucht, es für mich in kurze Sätze zu bringen:

Ich lebe von dem Glauben, daß ich von Gott unbedingt erwünscht bin. Ich lebe von dem Glauben, daß Gott mir das Leben gönnt und will, daß es gelingt. Und darum hoffe ich auch, daß all meine Vergeblichkeit, meine Erfolglosigkeit, mein Scheitern, meine Sünde und mein Sterben in Gott auf-

gehoben sind. Ich hoffe, daß er mir immer Gelegenheit zu einem neuen Anfang gibt. Ich hoffe das, weil Jesus mich davon befreit hat, bei mir selber stehenzubleiben und alles von mir selber zu erwarten. Er hat mich davon befreit, mich selber erlösen zu müssen: weil ich schon erlöst bin. Darum hoffe ich, daß Gott auch aus den Bruchstücken meines Lebens noch etwas machen kann. Ich glaube, daß ich selber mehr Möglichkeiten habe, als ich ahne – ganz zu schweigen von den ungeahnten Möglichkeiten Gottes mit mir.

Das will ich wenigstens ein bißchen zu leben versuchen. Und in diesem Zusammenhang ist mir noch ein anderes Wort wichtig geworden, das dem aus dem Petrusbrief sehr ähnlich ist: »Rede nur, wenn du gefragt wirst. Aber lebe so, *daß* du gefragt wirst!«

Ich bin sicher, daß mein Leben auch ohne Worte schon ein Stück Verkündigung dieser frohen Botschaft sein kann – des Evangeliums, daß ich ein Erlöster bin. Und wenn mich jemand ausdrücklich danach fragt, will ich versuchen, so gut ich kann, Antwort zu geben. Wenn der andere zustimmt, wenn er glauben kann, daß diese Hoffnung auch sein Leben tragen könnte, dann ist viel erreicht. Dann geht es darum, gemeinsam als Kirche, als Gemeinschaft von solchen Hoffnungsträgern zu leben. Es ist doch viel glaubwürdiger, wenn nicht nur einzelne, sondern viele von dieser Hoffnung Zeugnis geben: Im Leben und im Reden; mit oder ohne Worte.

Ich habe Ihnen vorhin mein eigenes kleines Glaubens- und Hoffnungsbekenntnis gesagt. Vielleicht versuchen Sie selbst auch einmal, darüber nachzudenken, von welcher Hoffnung Sie leben, und es in Worte zu fassen. Für jeden und jede entstünde so ein eigenes, ganz persönliches Glaubens- und Hoffnungsbekenntnis. Solches Nachdenken kann uns darauf vorbereiten, einmal Rede und Antwort zu stehen, wenn wir gefragt werden, aus welcher Hoffnung wir leben.

7. Sonntag der Osterzeit

1 Petr 4, 13–15

Leiden, weil man Christ ist? – Damit spricht Petrus eine Erfahrung an, die uns fremd und ungewohnt vorkommen mag. Gott sei Dank sind die Zeiten der Christenverfolgungen vorbei, denkt vielleicht mancher. Gott sei Dank landet hier bei uns doch keiner im Gefängnis, weil er Christ ist. Gott sei Dank werden wir nicht gefoltert, den wilden Tieren vorgeworfen, enthauptet oder verbrannt!

Bei uns sind diese Zeiten vorbei. In vielen anderen Ländern nicht. Immer noch sterben auf dieser Welt Menschen für ihren Glauben. Nicht nur Christen – aber auch Christen. Gott sei Dank ist es bei uns in Europa, in Deutschland nicht so. Aber gibt es deswegen überhaupt kein Leiden mehr, weil jemand Christ ist? – Immerhin ist es ja so, daß nicht nur die Zahl der Kirchgänger abnimmt, sondern auch die Zahl der Getauften. In den Städten mehr als auf dem Land. Andersgläubige und Nichtgläubige leben mit Gläubigen nebeneinander. Ich frage mich: Kann das ohne Reibungen geschehen? Noch schärfer gefragt: Stimmt denn unser Christsein überhaupt, wenn gar niemand daran Anstoß nimmt, wenn wir bei gar keinem deswegen anecken?

Wohlgemerkt: Ich meine damit nicht, daß wir als Christen mit andersdenkenden und andersgläubigen Menschen Streit und Auseinandersetzungen *suchen* sollen. Ich meine damit, daß jemand, der wirklich als Christ lebt – überzeugt und konsequent – einfach nicht immer nur auf Gegenliebe und Sympathie stoßen wird; daß er deswegen nicht nur angefragt, sondern manchmal auch angegriffen wird. Wenn ich Petrus Glauben schenke, dann *kann* Christsein gar nicht ohne Folgen bleiben. Wer sich zu Jesus bekennt, der muß Farbe bekennen, dem geht es so wie ihm: Man wird anecken, auffallen und leiden müssen.

Das Leiden, weil man Christ ist, wird hierzulande anders aussehen als zur Zeit des Petrus. Manches verbietet schon das Grundgesetz, das freie Religionsausübung garantiert. Es wird also keine körperliche Grausamkeit, sondern eher seelisches Leiden sein, was Christen heute widerfahren kann, wenn sie wirklich Farbe bekennen. Sticheleien, abfällige Bemerkungen, böse Witze, als rückständig und hinterwäldlerisch lächerlich gemacht zu werden – das sind nur einige Dinge, mit denen Christen heute rechnen müssen, wenn sie ihr Evangelium ernst nehmen.
Davor haben viele Angst. Es heißt schon tief im Glauben verwurzelt sein, wenn wir das so sehen können wie Petrus, der sagt: »Wenn ihr wegen des Namens Christi beschimpft werdet, seid ihr glücklich zu preisen!«
Für ihn ist solches Leid, solche Geringschätzung und Beschimpfung sogar ein Zeichen, daß man auf dem richtigen Weg ist: »Denn der Geist der Herrlichkeit, der Geist Gottes, ruht auf euch.«
Ich weiß nicht, wie es Ihnen damit geht. Ich kann mir vorstellen, daß es für jemanden, dem der Glaube wirklich wichtig und wertvoll ist, nicht so schlimm ist, wegen dieses Glaubens belächelt, verspottet oder geächtet zu werden. Ich kann da für mich selbst ein wenig aus Erfahrung sprechen. Spott, Kritik oder Angriffe von Leuten, die mit Christus und seiner Kirche erklärtermaßen nichts am Hut haben, machen mir wenig aus.
Was mich aber traurig macht, ist eine andere Art von Leiden, weil man Christ ist. Ich meine das Leid, das einen in den *eigenen Reihen* zugefügt wird. Ich habe manchmal den Eindruck, daß für viele »Christsein« nur noch bedeutet, »ein guter Mensch« zu sein; jemand, der im allgemeinen Trott mitschwimmt, nicht auffällt und das tut, was alle für gut und richtig halten. Mit Bekenntnis zu Jesus Christus hat das eigentlich nichts mehr zu tun. Aber diese Einstellung führt dazu, daß diejenigen, die mehr wollen als nur das mitzumachen, was halt alle tun, mißtrauisch beäugt,

kritisiert oder gar lächerlich gemacht werden. Oder stimmt es etwa nicht, daß manche, die einen Glaubenskurs oder einen Einkehrtag mitmachen, hinterher zu hören bekommen: »Reicht es dir nicht, sonntags in die Kirche zu gehen? Muß du den Pfarrer wirklich so hofieren?« Und wie ist es mit denen, die sich in der Kommunion- und Firmvorbereitung engagieren: »Du scheinst ja viel Zeit zu haben, wenn du das machst! Wozu ist denn der Pfarrer da?« Und wenn ein Paar sich für den ausführlicheren Weg der Ehevorbereitung entschließt, dann heißt es: »Ihr habt es anscheinend nötig! Uns haben die drei Stunden Vorbereitung schon gereicht.« Die Beispiele ließen sich fortsetzen. Sobald jemand nur ein bißchen mehr tut, als man für richtig und notwendig hält, fällt man auf, eckt an und muß sich allerlei anhören und gefallen lassen.
Leiden, weil man Christ ist? – *Das* jedenfalls ist eine unnötige Art zu leiden. Denn wenn wir schon in den eigenen Reihen unseren Glauben und unser Evangelium nicht mehr ernst nehmen – wie wollen wir dann Andersgläubigen sagen, was unser Glaube wirklich ist? Und wenn wir schon in den eigenen Reihen die verfolgen, die mit ihrem Glauben wirklich Ernst machen – wie wollen wir dann noch die Kraft haben, Angriffen von außen standzuhalten?
Christ sein heißt: sich orientieren an Jesus Christus – und nicht an der Meinung der Masse. Christ sein heißt: Farbe bekennen – und nicht verwässern und verwischen. Christ sein heißt: Anteil haben an den Leiden Christi – und nicht, jedermanns Liebling zu sein. Und ich denke, Petrus wußte aus eigener Erfahrung, daß leiden, weil man Christ ist, leichter zu ertragen ist, wenn man die Gemeinschaft der Brüder und Schwestern im Rücken hat.
»Schäme dich nicht, sondern verherrliche Gott als Christ!« sagt Petrus. Und ich denke dabei auch an ein Wort, das unser Weihbischof am Ende jeder Firmung den Neugefirmten zugerufen hat: »Du bist Christ! Trau dich, Christ zu sein!«

1. Sonntag im Jahreskreis (Taufe des Herrn)

Jes 42, 1–4.6–7; Mt 3, 13–17

Manchmal fällt es uns sehr schwer, bestimmte Texte der Heiligen Schrift zu verstehen. Die Gedanken und Vorstellungen der damaligen Menschen sind uns zu fremd. Und so hören wir Worte aus längst vergangener Zeit und wissen nichts damit anzufangen. Sie hören sich rätselhaft an, und wir verstehen sie nicht. So ist es sicher auch mit dem Text, den wir in der heutigen Lesung gehört haben. Gott stellt seinen Knecht vor. »Knecht« ist ein Wort, das bei uns einmal einen Beruf bezeichnet hat, den es heute so gut wie nicht mehr gibt. Und es ist ein Wort, das leicht abwertend klingt. In der Lesung meint »Knecht« eher das, was wir vornehm mit einem Fremdwort ausdrücken: »Minister« oder sogar Premierminister«, »Ministerpräsident«.

Das hebräische Wort dafür kann sowohl »Knecht« als auch »Sohn« bedeuten. Es meint jemanden, der einem sehr nahesteht und als persönlicher Bevollmächtigter handelt. So einen stellt Gott hier vor.

Was wir im Text dieser Lesung hören, ist ein Wunschtraum, eine Vorahnung des Propheten Jesaja. Eines Tages, sagt er, wird Gott seinen engsten Stellvertreter erwählen und vorstellen.

Wir kommen der Vorstellung des Jesaja wohl recht nahe, wenn wir heute an eine Art Pressekonferenz denken, auf der der Bundeskanzler einen neuen Minister vorstellt. Aber hier geht es um noch mehr. Hier stellt Gott denjenigen vor, der an seiner Stelle in die Welt gesandt wird, um einen Auftrag zu erfüllen. Für Jesaja liegt das noch in ferner Zukunft. Aber er kennt Gott gut genug, um sich vorstellen zu können, wie Gott und sein Knecht, besser: sein Sohn, zueinander stehen.

»Ich stütze dich«, läßt er Gott zu seinem Sohn sagen.

»Ich erwähle dich. Ich freue mich an dir. Ich lege meinen Geist auf dich, damit du ganz in meinem Namen handeln kannst. Ich habe dich aus Gerechtigkeit gerufen – damit bist du legitimiert. Ich fasse dich bei der Hand, ich beschütze dich, ich mache etwas aus dir.«

Damit ist für alle klar, daß dieser Knecht in der Gunst Gottes steht, ohne ein Günstling zu sein. Daß er wie ein Sohn für ihn ist, ohne daß hier Vetternwirtschaft betrieben wird.

Und was ist seine Aufgabe?

Wieder läßt Jesaja Gott sprechen, und dreimal ist dabei von »Recht« die Rede.

»Er bringt den Völkern das Recht. Er begründet auf der Erde das Recht. Er bringt in Treue das Recht.« – Recht bringen, Recht verwirklichen – das kann nur einer, der selber auf rechtmäßige Weise dazu befugt ist. Einer, der sich eine solche Aufgabe auf unrechtmäßige Weise anmaßt, der kann letztlich kein Recht bringen, sondern nur Ungerechtigkeit. Deshalb bestätigt Gott ja ausdrücklich, daß sein Knecht »aus Gerechtigkeit« gerufen ist: aus Gründen der Gerechtigkeit, um endlich Gerechtigkeit und Recht auf die Erde zu bringen. Und wie macht er das?

»Er schreit nicht und lärmt nicht«, das heißt: Er verzichtet auf jede Propaganda, auf jeden Klatsch und Tratsch. »Das geknickte Rohr zerbricht er nicht und den glimmenden Docht löscht er nicht aus«, das heißt: Er wirkt nicht zerstörerisch oder gewaltsam, weil man auf diese Weise kein Recht schaffen kann. Er wirkt durch sein Da-sein. Er wirkt dadurch, daß er ganz und gar in Treue zu Gottes Auftrag steht – unermüdlich, bis er seine Aufgabe erfüllt hat.

Dadurch, sagt Jesaja, wird er zum Verbindungsmann zwischen uns Menschen und Gott, zum »Bund«. Dadurch wird er zum Licht, zum Hoffnungsschimmer für die Erde, weil Blinde wieder Sinn sehen und gefangene, blockierte Menschen auf einmal wieder Lebensmöglichkeiten entdecken.

So einen Gottes-Knecht ersehnt Jesaja. Ihn besingt er mit diesem Lied – lange, bevor er wirklich erscheint.

Wir heutige Menschen haben es dagegen gut. Denn wir hören auch davon, wie dieser Traum, diese Verheißung des Jesaja, Wirklichkeit geworden ist. Im Evangelium wird uns von der Taufe Jesu erzählt und wie Gott ihn dabei vorstellt als seinen Knecht, als seinen Sohn. Fast wörtlich wie beim Propheten Jesaja sagt Gott da: »Seht her, das ist er, mein geliebter Sohn, den ich erwählt habe!«

Nicht nur darin hat sich erfüllt, was Jesaja erwartet hat. Wir wissen, daß Jesus selber das Buch des Propheten Jesaja in- und auswendig gekannt hat. Immer wieder hat er in seinen Predigten darauf Bezug genommen, und er hat sich als der verstanden, der diese Verheißungen wahr macht.

Für uns Christen, die wir seinen Namen tragen und an ihn glauben, ist er derjenige, der auf Erden das Recht begründet hat. Er hat nicht nur den Grundstein dafür gelegt, er *ist* selber dieser Grundstein. Zu uns hat er einmal gesagt: »Ich nenne euch nicht mehr Knechte, sondern Freunde.« Das heißt für mich: Er hat uns in ähnlicher Weise auserwählt, wie er selbst von Gott auserwählt war. Das heißt für mich auch: Er hat Recht und Gerechtigkeit auf der Erde grundgelegt. Weiterbauen müssen wir, wenn wir zu Recht nach ihm heißen, »Christen« heißen wollen. Wir sind von ihm erwählt worden, seine engsten Vertrauten, seine Brüder und Schwestern zu sein. Wir sind von ihm erwählt worden, wie er gewaltlos und gerecht an seinem Reich der Gerechtigkeit weiterzubauen. Und wir dürfen sicher sein, daß wir dazu auch seine Unterstützung haben – so wie sie ihm von Gott zugesagt worden ist.

Wie es Jesus bei der Taufe zugesagt worden ist, ist es auch uns bei unserer Taufe zugesagt worden: »Ich stütze dich, ich habe dich auserwählt, ich freue mich an dir, ich lege meinen Geist auf dich, ich habe dich aus Gerechtigkeit gerufen, ich fasse dich bei der Hand, ich beschütze dich und mache etwas aus dir.« Mit dieser Zusage Gottes können wir gern seine Söhne und Töchter sein.

2. Sonntag im Jahreskreis

Joh 1,29–34

Ich möchte von einem Wochenende mit Jugendlichen erzählen. Alle Teilnehmer und Teilnehmerinnen kannten sich schon längere Zeit. Manche kannten sich sehr gut. Deshalb haben wir an einem Abend ein Spiel gemacht, bei dem es nicht so sehr ums Gewinnen geht, sondern darum, wie gut man sich in einen anderen Menschen einfühlen kann. Wer sich dafür interessiert: es heißt »Life-Style« – Lebensstil, Lebensweise.

Gefragt ist bei diesem Spiel, wie gut ich eigentlich den oder die kenne, mit denen ich vielleicht schon jahrelang in eine Klasse gehe, im selben Bus fahre, in einer Gruppe bin oder den Arbeitsplatz teile ...

Das Ergebnis dieses Spieles war zum Teil sehr merkwürdig: Gerade bei den Menschen, die man am besten zu kennen glaubte, hat es oft die größten Irrtümer gegeben. Gerade bei jemandem, bei dem ich hätte wetten können, daß er so und so denkt und fühlt, lag ich voll daneben.

Und im Gespräch über die gegenseitige Einschätzung kam auch heraus, daß oft doch das *eigene* Denken unsere Entscheidung beeinflußt hat: »*Ich* an deiner Stelle würde das und das tun oder sagen ...« Aber dann hat sich eben doch herausgestellt, daß *ich* nicht *du* bin.

An dieses Spiel habe ich denken müssen, als ich das heutige Evangelium gelesen habe. Auch Johannes der Täufer, der Jesus doch sicher sehr nahegestanden ist, der sogar weitläufig mit ihm verwandt war, hat bekennen müssen: »Ich kannte ihn nicht!«

Woran liegt das?

Vielleicht steht dieselbe Erfahrung hinter dem, was wir beim Spiel erlebt haben und was Johannes der Täufer im Umgang mit Jesus erfahren hat:

Daß wir gerade von den Menschen, die wir am liebsten haben, oft am wenigsten sagen können, wie sie sind; daß wir gerade bei den Menschen, die wir gut zu kennen meinen, eingestehen müssen, daß wir uns geirrt oder getäuscht haben; daß es stimmt, wenn Gott einmal von sich sagt: »Meine Gedanken sind nicht eure Gedanken, und meine Wege sind nicht eure Wege«; daß es stimmt, wenn wir von Gott sagen, daß er der »ganz Andere« ist.
Ich habe jedenfalls aus beidem etwas gelernt – aus dem Spiel und aus diesem Evangelium, nämlich daß Christ sein nicht heißt: Ich *muß* Jesus ganz und gar kennen; sondern daß Christsein heißt: Ich *möchte* Jesus mehr und mehr kennenlernen und mit ihm Erfahrungen machen.
Er, Jesus, kennt mich jedenfalls.
Ich kenne ihn noch nicht – jedenfalls noch nicht ganz und noch nicht richtig.
Aber was ich von ihm weiß, genügt mir schon, um wie Johannes zu sagen: »Er ist der Sohn Gottes!«

3. Sonntag im Jahreskreis

Mt 4, 12–23

»Muß man dir denn alles zweimal sagen?« – »Ja, gleich!« – »Nein, nicht gleich, sondern sofort! Entweder jetzt oder gar nicht!«

Sätze, wie wir sie oft verwenden. Mir sind sie in den Sinn gekommen, weil ich mit einem Wort im heutigen Evangelium meine Probleme habe. Es ist das Wörtchen »sogleich«. Das wünsche ich mir manchmal auch, daß ich zu jemandem etwas sage und der *sogleich* alles liegen und stehen läßt, um mir zu helfen oder mit mir zu gehen.

Sofort, *sogleich* lassen die Jünger hier alles liegen und stehen und folgen Jesus.

Ich weiß nicht, ob es so war. Ob es Matthäus wirklich darauf ankommt, zu sagen: Sie folgten Jesus sofort, auf der Stelle.

Jesus selber hat sich ja auch länger auf seine Tätigkeit als Prediger vorbereitet. Er spürt den Anruf Gottes in sich, als man Johannes ins Gefängnis wirft. Das ist für ihn der Auslöser, daß er sagt: Jetzt bin ich dran!

Deswegen zieht er um: von Nazareth nach Kafarnaum, vom Bergdorf in die Fischerstadt. Und er wird nicht nur einmal, sondern sehr viel öfter am See entlanggegangen sein, mit den Leuten geredet haben, gelacht, gefeiert und getrauert haben. Allmählich formt sich seine Vorstellung, wen er wohl ansprechen könnte, wer wohl geeignet ist, mit ihm zu gehen.

Schließlich ist das ja auch eine Frage von Vertrauen und Verlaß. Ich kann mir auch vorstellen, daß er diejenigen, die er da im Auge gehabt hat, öfter angesprochen hat: »Also, was ist? Willst du es wagen? Willst du mit mir gehen? Ich habe was Besseres zu bieten: Menschenfischer zu sein! Hast du nicht Lust, Menschen für Gott zu fangen?«

Ich kann mir auch vorstellen, daß er manche Absagen bekommen hat, von denen Matthäus nichts aufgeschrieben hat. Aber eines Tages scheint es dann so weit gewesen zu sein, daß Simon und Andreas, Johannes und Jakobus gesagt haben: »Also gut, wir lassen uns darauf ein. Wir hängen unseren Beruf an den Nagel. Wir lassen alles stehen und liegen und gehen mit.«
Ich kann mir gut vorstellen, daß es bei manchen von uns auch heute noch so ähnlich läuft. Wir wissen nicht von jetzt auf nachher, was Gott von uns will. Es dauert eine ganze Weile, bis wir uns darüber klar werden. Da müssen uns vielleicht manche Leute immer wieder auf eine Sache hin ansprechen, da müssen wir uns selber manches immer wieder durch den Kopf gehen lassen – bis wir eines Tages wissen: Jawohl, das und das scheint wirklich mein Weg zu sein. Ich glaube jetzt, daß Gott mich für diese oder jene Aufgabe braucht.
Das ist mit vielem so. Das kann für einen Dienst in der kirchlichen oder politischen Gemeinde genauso zutreffen wie für eine berufliche Entscheidung.
Es geht sicher nicht darum, daß ich mich *sogleich* entscheiden muß. Deswegen glaube ich auch nicht, daß es Matthäus darauf ankam, daß die Jünger *sogleich*, sofort beim ersten Mal mit Jesus gegangen sind.
Ich glaube, daß Matthäus uns eher sagen will: Wenn du dir klar darüber bist, daß Jesus dich zu etwas gerufen hat, dann mußt du ohne zu zögern alles liegen- und stehenlassen und ihm folgen. Wenn dir klar ist, daß Jesus dich ruft und braucht – dann geh!

4. Sonntag im Jahreskreis

Mt 5, 1–12a

»Es kann der Frömmste nicht in Frieden leben, wenn es dem bösen Nachbarn nicht gefällt«, sagt ein Sprichwort. Dahinter steckt die Erfahrung, daß man mit seinen guten Absichten allein oft nichts ausrichten kann. Gemeinsam ginge das vielleicht schon besser – aber allein? Einer ist keiner!
So ähnlich geht es auch manchem Christen mit der Bergpredigt und mit den Seligpreisungen. »Ich möchte ja schon gern tun, was da steht – aber wenn ich das ganz allein mache, wenn ich der oder die einzige bin, dann ändert sich ja doch nichts.«
Das stimmt auch. Für einen einzelnen ist das viel zu hoch gegriffen und viel zu schwer. Und deswegen ist man schnell mit der Meinung da, daß die Bergpredigt schlicht und einfach eine Utopie sei. Ein Traum. Ein schöner Traum, zugegeben, aber eben doch nur ein Traum. Also vergessen wir das ganz schnell wieder, was Jesus da gesagt hat, und gehen wir zu unseren eigenen, bewährten Rezepten über, wie man am besten mit anderen Menschen zusammenlebt und durchkommt.
Das ist das häufigste Mißverständnis. Und deshalb möchte ich auf etwas aufmerksam machen, was man leicht überhört.
»Als Jesus die vielen Menschen sah, stieg er auf einen Berg.« – Jesus geht also weg von den Menschen. Er zieht sich zurück.
»Er setzte sich, und seine Jünger traten zu ihm. Dann begann er zu reden und lehrte sie.« – Er redet nicht zu allen, sondern zuerst zu seinen Jüngern. Und er sagt auch nicht: »Selig bist *du*«, sondern er sagt: »Selig sind *die* ...«
Jesus weiß, daß es schwer ist, in dieser Welt ein Jünger zu sein: ein Mensch, der sich ganz und gar auf den Willen Got-

tes einläßt. Er weiß, daß man dabei mit Spott und Verachtung, mit übler Nachrede oder Verfolgung zu rechnen hat. Darum will er all denen Mut machen, die sich trotzdem auf Gott einlassen und nach seinem Willen leben.

Aber irgendwo muß er ja mal anfangen. Irgendwo muß das Reich Gottes ja mal Wurzeln schlagen. Und für Jesus beginnt das mit den Zwölfen, die stellvertretend für alle zwölf Stämme Israels stehen, und es beginnt für ihn mit den Jüngern, den Frauen und Männern, die von Anfang an bei ihm waren.

Sie bilden die Kerngemeinde. Und was er ihnen zu sagen hat, das können sie gar nicht einzeln für sich leben. Das geht nur in Gemeinschaft. Das geht nur, wenn jeder und jede den Rückhalt Gottes und den Rückhalt einer Gruppe hat. Das geht nur, wenn ich in der neuen Familie der Kinder Gottes daheim bin.

So richtet sich die Bergpredigt Jesu zunächst an die Jünger – letztlich aber an das ganze Volk. Denn wenn das ganze Volk so umgestaltet ist, daß es aus lauter kleinen Familien von Kindern Gottes besteht, dann wird das, was Jesus da sagt, lebbar sein.

Vielleicht tun wir nur deshalb die Bergpredigt so leicht und so schnell als unrealistisch ab, weil uns der Rückhalt der Gemeinschaft fehlt? Weil unsere Kirche längst noch nicht diese Gemeinschaft bildet, die eigentlich notwendig wäre, um die Weisungen der Bergpredigt wirklich zu leben? Und weil wir selber das Christsein viel zu sehr als Privatsache betrachten, die niemanden sonst etwas angeht – auch die Gemeinde nicht?

Wir sollten das nicht so schnell vom Tisch wischen. Denn diese Bergpredigt ist Jesu »neues Gesetz«. Nicht zufällig redet Jesus auf dem Berg und unterweist dort seine Jünger. Er tut das bewußt in Anlehnung an Moses, der auf dem Berg die Gebote Gottes empfangen und dann das Volk unterwiesen hat.

Jesus ist der neue Moses, der neue Gesetzgeber Gottes.

Das Ziel ist dasselbe – bei Moses wie bei Jesus: Wenn das Volk Gottes sich an diese Weisungen halten würde, dann könnten dadurch auch andere zum Glauben kommen, weil sie sehen können, wie Gott sich Leben vorgestellt hat.
Die Bergpredigt ist Jesu neues Gebot. Für den einzelnen muß sie solange eine *Überforderung* bleiben, solange wir sie nicht als eine *Forderung* an die ganze Gemeinde begreifen! Denn nur im Rückhalt der Gemeinde kann auch ein einzelner diese Gebote leben. Und darum geht es Jesus.

5. Sonntag im Jahreskreis

Jes 58,6a.7–10; Mt 5,13–16

Manchmal ärgere ich mich, wenn ich in einer Gaststätte bin und zum Salzfaß greife. Entweder sind die Löcher verstopft oder das Salz ist innen ganz verklebt und hart, oder es schmeckt nach überhaupt nichts mehr, weil es schon viel zu lange auf dem Tisch steht und schal geworden ist. Auf so ein Salzfaß kann ich verzichten. Ich schaue halt, daß ich meine Würze anderswoher bekomme – vielleicht vom Nebentisch.

Jesus schärft seinen Jüngern ein: »Ihr seid das Salz der Erde. Auf euch kommt es an!«

Salz hat nämlich eine doppelte Aufgabe. Es soll die Speisen würzen, damit ihr Eigengeschmack besser zum Vorschein kommt. Und es soll die Speisen vor dem Verderben schützen, indem man sie einsalzt.

Genau das sollen die Christen tun. Sie sollen mithelfen, daß die Gesellschaft nicht verdirbt und verfault. Und sie sollen mithelfen, daß die Menschen ihren »Eigengeschmack« besser entfalten können, daß sie ihre typischen und persönlichen Anlagen zur Geltung bringen können. Wenn wir Christen das nicht tun, dann taugen wir nichts. Dann sind wir wie ein Salzfaß, das verstopft, verklebt oder schal ist. Man kann uns vergessen und wegwerfen.

Es ist allerdings keine leichte Aufgabe, Salz zu sein. Denn da kommt es auf die Dosierung an. Wenn man zuviel davon abbekommt, wird's einem schlecht oder man wird sogar krank. Wenn man zuwenig davon verwendet, können sich trotzdem Verderben und Fäulnis ausbreiten.

Wenn Jesus also sagt: »Ihr seid das Salz der Erde!«, dann denkt er daran, daß oft nur ein paar Körnchen genügen. Und so geht es uns vielleicht auch manches Mal. Ein paar wenige von uns stehen einer großen Zahl von Leuten gegenüber und sollen sie salzen – so, wie ein paar Körnchen Salz genügen, um eine große Menge Suppe oder Teig zu würzen.

Das kann einem Angst machen. Das kann dazu führen, daß man sich nur noch in die Gemeinschaft von Gleichgesinnten zurückziehen will. Daß man gewissermaßen »im Salzfaß unter sich bleiben will«. Davor warnt Jesus. Wenn das Salz immer nur im Salzfaß bleibt, dann wird es schal und taugt nichts mehr.

In einem anderen Vergleich sagt er: »Ihr seid das Licht der Welt. Wenn ihr nur unter euch sein und euch an eurer eigenen Frömmigkeit wärmen wollt, dann liegt ihr falsch. Dann geht es euch wie einer Kerze, die man unter den Eimer stellt. Sie geht aus, weil ihr der Sauerstoff fehlt.«

Jesus sagt damit: »Ihr seid doch wer! Ihr braucht euch doch nicht zu verstecken. Ihr seid Salz! Salz ist nicht für sich selber da, das ißt man nicht blank, sondern das braucht man zum Würzen. Ihr seid Licht! Licht braucht man nicht zu verstecken. Es leuchtet nicht zum Selbstzweck, sondern damit man etwas sehen kann. Licht will auf etwas hinweisen oder aufmerksam machen oder beleuchten. So soll euer Licht vor den Menschen leuchten, damit sie eure guten Taten sehen und euren Vater im Himmel preisen.«

Und wie das geht, wie man das Licht vor den Menschen leuchten läßt, das erklärt gewissermaßen die Lesung aus dem Alten Testament. Das geschieht, wenn man teilt: Nahrung, Wohnung oder Heimat. Das geschieht, wenn man das tut, was gerade von einem verlangt wird: wenn man sich seinen Verwandten nicht entzieht, wenn sie einen brauchen. Das geschieht, wenn man Gerechtigkeit schafft: wenn man in seinem eigenen Lebensbereich keine Unterdrückung zuläßt.

Und genau das ist es auch, wonach Jesus einmal fragen wird, wenn er wiederkommt: ob wir ihn, der hungrig war, satt gemacht haben, ob wir ihm, der durstig war, zu trinken gegeben haben ...

Wer so handelt, ist Salz für diese Erde und Licht für diese Welt. Wer so lebt, der läßt andere mehr sehen als nur gute Werke, denn der wird durchsichtig auf Gott hin und läßt etwas von seiner Güte und Menschenfreundlichkeit durchschimmern.
Darum sagt Jesus: »So soll euer Licht vor den Menschen leuchten, damit sie eure guten Werke sehen *und euren Vater im Himmel preisen!*«

6. Sonntag im Jahreskreis

Sir 15, 15–20; Mt 5, 17–37

»Du kannst, wenn du willst«, sagen wir manchmal. Eltern sagen das oft zu ihren Kindern, Lehrer sagen es zu ihren Schülern. Manchmal sagen es auch Erwachsene zueinander. »Du kannst, wenn du willst« oder auch: »Alles kann man, wenn man will.«

Das stimmt doch auch, oder?

»Du kannst dir das Rauchen abgewöhnen, wenn du es willst.«

»Du kannst vom Fünf-Meter-Brett springen, wenn du es willst.«

»Du kannst bessere Noten heimbringen, wenn du es willst.«

In manchen Fällen kann jemand sogar eine schwere Krankheit überwinden und gesund werden, wenn er es wirklich will.

Wollen und Können hängen also sehr eng zusammen. Deswegen versuchen wir oft, einem Menschen den Willen zu stärken. Eltern oder Lehrer wissen oft mehr über ein Kind als das Kind selber. Sie wissen, daß ein Kind dieses oder jenes könnte. Aber solange es das nicht will, kann es auch nicht. Da hilft es, wenn wir anspornen: »Du kannst, wenn du willst!«

Und nicht selten kommen wir ins Staunen darüber, was gerade Kinder alles können, wenn sie wirklich wollen: ob im Sport, am Computer, in der Musik – manchmal auch in der Schule ...

Was ist da plötzlich geschehen?

- entweder hat unser Vertrauen in seine Fähigkeiten den andern gestärkt, und so will er auf einmal, was er sich bisher nicht zugetraut hat,
- oder jemand hat für sich ein Ziel entdeckt, das so lohnend ist, daß er es unbedingt erreichen will.

In beiden Fällen bewahrheitet sich, was wir schon vorher gewußt haben:
»Du kannst, wenn du willst!«
So ist es auch hier in der Lesung. Der Lehrer Jesus Sirach sagt auch zu jedem seiner Schüler: »Du kannst, wenn du willst! Wenn du willst, dann kannst du das Gebot Gottes halten.«
Damit tut Jesus Sirach, was jeder gute Lehrer und Erzieher tun muß. Er nimmt die Angst vor der Überforderung. Er sagt, daß es nicht über die Kräfte und Fähigkeiten geht, nach Gottes Gebot zu leben. »Du kannst, wenn du willst!«
»Aber was bringt's?« lautet dann die nächste Frage. »Was hab' ich davon? Lohnt es sich wenigstens?«
Und er antwortet: »Ja, es lohnt sich. Du hast die Wahl zwischen Leben und Tod. Nach Gottes Gebot leben – das heißt das *Leben* wählen. *Leben* in seiner ganzen Fülle. Wenn du also leben willst in Glück, in Frieden, in Freiheit – dann halte Gottes Gebote. Du kannst das, wenn du willst.«
Ein schöner Text, finde ich. Ein Text, der Mut macht und der mich reizt, es auszuprobieren.
Es ist doch besser, wenn einer zu mir sagt: Du kannst es, als daß ich dauernd zu hören bekomme: Laß das, du kannst das sowieso nicht!
»Du kannst, wenn du willst!« – Das ist es auch, was Jesus uns im Evangelium sagt – auch wenn seine Worte sehr hart klingen. Er hat erkannt, daß Gott uns nicht seinen Willen aufzwingen will. Gott will, daß wir frei-willig seine Gebote halten – aber dann auch mit ganzem Herzen und ganzem Willen.
»Ich bin gekommen, um Gesetz und Propheten zu erfüllen«, sagt Jesus. »Ich bin gekommen, um ganz und gar danach zu leben.«
Und dann wendet er sich gegen alle, die nur so halb wollen und sich alle möglichen Hintertürchen aufhalten, um doch ihren eigenen Willen durchzusetzen. Deswegen ächtet er so streng den Zorn, die Beleidigung, den Gottesdienstbesuch

ohne echten Willen zur Versöhnung, den Ehebruch in Gedanken oder den tatsächlichen Ehebruch und den Meineid. »Euer Ja sei ein Ja und euer Nein ein Nein. Entweder wollt ihr wirklich nach den Geboten leben – dann tut es. Oder ihr wollt es nicht – dann laßt es. Ihr könnt, wenn ihr wollt. Also entscheidet euch, was ihr wollt und ob ihr es wirklich wollt. Und dann tut es!
Denn
ihr könnt miteinander in Frieden leben,
ihr könnt höflich und rücksichtsvoll sein,
ihr könnt die Ehe in Treue halten,
ihr könnt euch jederzeit miteinander versöhnen,
ihr könnt die Wahrheit sagen,
wenn ihr wollt.

Also haltet Gottes Gebote nicht nur nach außen hin, sondern auch in euren Herzen, denn ihr könnt es, wenn ihr es wirklich wollt.«

7. Sonntag im Jahreskreis

Lev 19,1–2.17–18; Mt 5,38–48

Als Kinder haben wir sicherlich eine Menge guter Ratschläge mitbekommen: »Sei brav! Sei anständig! Sei fleißig! Sei tapfer! Sei ordentlich!« – alles lauter gute Dinge. Aber ich wette, keiner hat jemals von seinen Eltern gesagt bekommen: »Sei heilig!« – oder haben Sie Ihren Kindern schon einmal gesagt: »Sei heilig!«?
Aber genau so steht es in der Lesung da: »Seid heilig, denn ich, der Herr, euer Gott, bin heilig.« Und dann steht da, wie man heilig wird. Was Moses seinen Leuten sagt, das soll im Zusammenleben untereinander gelten:

- keinen Haß schüren, nichts aufstauen oder aufrechnen, sondern es dem anderen sagen; ihn zurechtweisen und ihm so eine Möglichkeit geben, sich zu ändern und zu bessern.
- keine Rachegedanken hegen und nichts nachtragen, sondern den anderen Menschen so behandeln, wie ich selber behandelt werden will. Das uralte Gebot der Nächstenliebe also.

Es waren Gebote, die für die Israeliten untereinander gegolten haben, für die Familie, die Sippe, den Stamm. Fremde und Feinde waren davon ausgenommen. Aber wenigstens in den eigenen Reihen sollten Eintracht und Frieden herrschen, Rücksicht, Toleranz und Vergebung.
Wenn das Heiligkeit ist, dann könnten wir uns ja gerade noch damit anfreunden. Denn wir wissen aus eigener Erfahrung, daß es schwer genug ist, in der eigenen Familie und Verwandtschaft keinen Haß zu schüren, in Liebe zurechtzuweisen und Fehler anzusprechen, keine Rachegedanken zu haben, nichts nachzutragen und andere so zu behandeln, wie wir selber behandelt werden möchten.

Aber in der Dorfgemeinschaft, unter Christen überhaupt ist das alles längst nicht gang und gäbe. Da gibt es Familienfehden, die Jahre und Jahrzehnte währen, wo sich nichts bewegt in Richtung auf Versöhnung oder Wohlwollen. Da traut keiner dem anderen mehr über den Weg, da traut keiner dem anderen mehr zu, daß er sich bessern will. Da klingt der Satz »seid heilig« wie eine schöne Zumutung.

Ich habe eine Spruchkarte gefunden, auf der steht: *Heiligkeit ist das äußerste dessen, was ein Mensch verwirklichen kann.*

Das kann hinkommen. Unter Familienangehörigen, Nachbarn, unter Angehörigen desselben Glaubens auf Rache, Gewalt und Vergeltung zu verzichten, das verlangt mir einiges ab. Aber es ist noch nicht das äußerste.

Denn jetzt kommt Jesus und geht noch darüber hinaus. Er sagt: »Ihr habt gehört: Aug um Auge, Zahn um Zahn. Ihr habt gehört: Du sollst deinen Nächsten lieben und deinen Feind hassen.« – Stimmt. Solche Sätze habe ich als Kind auch gehört und höre sie heute noch: »Fang keinen Streit an, aber wenn dich einer haut, dann hau zurück. Laß dir bloß nichts gefallen!«

Jesus aber sagt: »Solche Sätze könnt ihr vergessen. Die verändern die Welt und die Menschen nicht zum Guten hin. So eine Einstellung führt höchstens dazu, daß man Unrecht gegeneinander aufrechnet. Und solange man Unrecht mit Unrecht und Gewalt mit Gewalt vergilt, solange fühlt sich immer einer unterlegen oder gedemütigt und sinnt wieder auf Rache und Vergeltung, und so geht das immer weiter.«

Und solange Menschen einander einteilen in Gute und Böse, in Gerechte und Ungerechte, in Gläubige und Ungläubige, in Schwarze und Weiße, in Herren und Sklaven – solange ändert sich nichts.

Solange die Menschen selber Grenzen ziehen in oben und unten, in Deutsche und Ausländer, in Freunde und Feinde – so lange wird es immer Unrecht und Gewalt, Mächtige und Ohnmächtige, Sieger und Besiegte geben.

Jesus sagt: »Gott ist da anders. Er läßt seine Sonne scheinen über Bösen und Guten, und er läßt es regnen über Gerechte und Ungerechte.«
Das heißt nicht, daß Gott dem Unrecht gegenüber beide Augen zudrückt. Aber Gott unterscheidet zwischen dem Unrecht an sich und dem Menschen, der es tut. Gott grenzt niemanden aus, weil er die Hoffnung in bezug auf den Menschen nicht aufgibt. Ein Mensch hat, solange er lebt, immer wieder die Chance, vor Gott neu anzufangen und umzukehren. Wenn das nicht so wäre, dann gäbe es manchen Heiligen nicht: keinen Petrus und keinen Paulus, keinen Augustinus und keinen Franz von Assisi.
Darum geht es Jesus, wenn er sagt: »Nur die zu lieben, die euch auch lieben, das reicht nicht. Ihr sollt aufs Ganze gehen! Wenn dir einer etwas Böses tut, dann schau nicht, daß du mit ihm wieder quitt wirst. Schau lieber, daß du seine Schuld mit Liebe wiedergutmachst und sogar noch etwas drauflegst!«
Heiligkeit ist das äußerste dessen, was ein Mensch verwirklichen kann.
Auf Rache, Vergeltung und Gewalt zu verzichten, das verlangt schon einiges. Aber darüber hinaus auch noch Gutes zu tun – das ist das äußerste dessen, was ein Mensch verwirklichen kann.
Moses und Jesus begründen diese Forderung damit, daß sie sagen: »Gott ist so. Gott geht mit dir selber so um, daß er dich nicht ein für allemal festlegt auf deine Fehler und Sünden. Und darum sollst auch du die anderen nicht ein für allemal festlegen auf ihre Fehler, sondern durch dein Verhalten ihnen eine Chance geben, sich zu bessern.«
Das klingt sehr verdächtig nach Überforderung. Gott ist schließlich Gott, und wir sind nur Menschen. Und selbst die heiligsten Heiligen waren noch Menschen und nicht vollkommen. Geht das denn überhaupt?
Ich möchte es an einem Beispiel verdeutlichen:
Als Anton Bruckner seine Fünfte Sinfonie fertig kompo-

niert hatte, wollte er sie mit den Wiener Symphonikern aufführen. Als die Musiker die Noten sahen, weigerten sie sich. Das sei unspielbar, unmöglich, so etwas könne man nicht aufführen. Und so kam es, daß Bruckner selber die Sinfonie zu Lebzeiten nie gehört hat.

Heute wird sie gespielt. Sie gilt nicht mehr als unspielbar, aber sie verlangt auch heute noch einem Orchester das äußerste ab. Man braucht dazu Musiker, die bereit sind, zu üben und zu üben und das letzte aus sich herauszuholen. Und wer diese Sinfonie einmal gehört hat, der wird sie nie vergessen.

Vielleicht geht es uns mit solchen Sätzen Jesu ähnlich. Wir sagen zuerst mal: Unmöglich! Das geht nicht! Das kann man nicht! – Aber vielleicht sind wir nur zu bequem zum Üben?

Wenn Bruckners Fünfte das äußerste von einem Musiker verlangt und er dafür üben muß, dann kann es doch mit der Bergpredigt genauso sein. Jesus will, daß wir heilig und vollkommen werden. Das verlangt Übung und Training. Das verlangt Einsatz und Idealismus. *Heiligkeit ist das äußerste dessen, was ein Mensch verwirklichen kann.* Aber wenn es gelingt, daß wir diese Sätze zum Klingen und zum Leben bringen, dann ist das wie mit der Musik: vollkommen und unvergeßlich.

8. Sonntag im Jahreskreis

Mt 6,24–34

»Macht euch keine Sorgen!« – Das klingt nach Werbung. Die Werbung verspricht uns tagtäglich, daß man uns alle Sorgen abnehmen möchte: Die Lebensversicherungen, die Bausparkassen – alle sorgen sich darum, daß wir keine Sorgen mehr haben.
Und eigentlich ist es doch genau das, was sich alle wünschen: Keine Sorgen mehr zu haben. Und wenn wirklich mal jemand das große Los zieht und gewinnt, dann sagen wir: Der hat jetzt ausgesorgt!
Auf der anderen Seite stehen aber auch Sätze wie: »Geld allein macht nicht glücklich! Lieber arm und gesund als reich und krank!« ... Worum geht es also, wenn es heißt: »Macht euch keine Sorgen!«?
Man muß, denke ich, bei diesem Evangelium Jesu sehr genau hinhören, um es richtig zu verstehen. Es geht um falsche und richtige Sorgen. Es geht um die Entscheidung, wem ich dienen will: *Gott* oder dem *Mammon.*
Mammon ist der Gott der *Lebensmittel.* Wer ihm dient, der macht sich selbst zum Sklaven. Für den besteht das Leben nur aus »noch mehr«: noch mehr arbeiten, um noch mehr Geld zu verdienen und sich noch mehr leisten zu können und noch mehr Urlaub zu haben oder noch mehr genießen zu können ...
Diesem Gott *Mammon* dienen heute viele. Und ihm werden gewaltige Opfer gebracht. Man opfert ihm Zeit und Erholung, Gesundheit, Familie, die Ehe, man opfert ihm alte und kranke Menschen. Denn wer dem *Mammon* dient, der will immer nur noch mehr – für sich.
Dem Gott *Mammon* bringt man aber nicht nur privat gewaltige Opfer, sondern auch weltweit. Zu diesen Opfern gehört die Umwelt, die verschmutzt wird, weil man noch

mehr Wirtschaftswachstum will. Zu diesen Opfern gehört der Regenwald, der abgeholzt wird, um noch mehr Fleisch erzeugen zu können. Dazu gehört der rücksichtslose Verbrauch an Rohstoffen und Energie und die Ausbeutung der Entwicklungsländer. Denn die reichen Nationen wollen immer noch mehr für sich. Und das geschieht auf Kosten der ärmeren, schwächeren und kleineren Länder. – So sieht es aus, wenn Menschen dem *Mammon* dienen, dem Gott der *Lebensmittel*.

Der Gott Jesu aber ist der Gott der *Lebensmitte*. Wer ihm dient, der bringt die Dinge in die richtige Reihenfolge. Wer ihm dient, macht nicht die Nebensache zur Hauptsache. Darum sagt Jesus: Das Leben ist wichtiger als das, was ich mir leisten kann. Mein Leib, meine Gesundheit sind wichtiger als das, was ich anziehe, was für ein Haus oder was für Möbel ich habe.

Wer Gott, dem Schöpfer des Lebens, dient, braucht daher niemand zu sein, dem all das gleichgültig ist: Essen, Trinken, Arbeit, Wohnung, Kleidung, Urlaub ... Aber all das kommt eben erst an zweiter Stelle und läßt nicht alle Gedanken *nur* darum kreisen. All das verbraucht dann nicht meine ganze Energie.

Wenn nun bald wieder Erstkommunion und Firmung ist, wenn Hochzeiten gefeiert werden, dann ist das für mich immer ein Testfall, ob die Leute das begriffen haben. Denn für manche stehen allein solche Fragen im Mittelpunkt: Was sollen wir essen und trinken, was sollen wir anziehen, wie viele Kuchen müssen wir austragen, wen sollen wir einladen ...? All das sind für Jesus Vorbereitungen auf Nebensächlichkeiten. Die dürfen und sollen sein – solange dabei die Hauptsache nicht zu kurz kommt. Doch bei vielen ist das leider so. Da hat mancher keine Zeit mehr für einen Elternabend beispielsweise oder für einen Ehevorbereitungskurs, für Vorbereitungen auf die Hauptsache also, weil all das Drumherum um die Nebensächlichkeiten wichtiger ist.

Ich denke, mit diesem Evangelium stellt uns Jesus ganz

deutlich die Frage: Was ist mir wichtig? Wofür lebe ich? Für wen und was bin ich da? Und Jesus nennt klipp und klar die Dinge beim Namen: Wer dem *Mammon* dient, wer die Nebensache zur Hauptsache macht, der ist für ihn ein *Heide*, jemand, der *gott-los* geworden ist. Euch aber, sagt er, muß es zuerst um das Reich Gottes gehen und um seine Gerechtigkeit – und dann kommt alles andere.

Wir haben also die Wahl, worum es uns im Leben zuerst geht. Doch wir sollten wissen, daß Gott uns einmal fragt, was die Hauptsache in unserem Leben war. – Was werden wir ihm dann antworten?

9. Sonntag im Jahreskreis

Dtn 11,18.26–28; Mt 7,21–27

(Es empfiehlt sich, diese Predigt direkt im Anschluß an die Lesung zu halten)

»Merk dir das und schreib es dir hinter die Ohren!« – Das haben wir sicher schon oft gehört. Wenn uns Eltern, Lehrer oder Ausbilder etwas ganz besonders Wichtiges einschärfen wollten, dann haben sie gesagt: »Schreib's dir hinter die Ohren!«

Ich weiß zwar nicht, wie es zu dieser Redensart gekommen ist. Aber mir erscheint es wenig sinnvoll, mir etwas Wichtiges hinter die Ohren zu schreiben. Denn dort kann weder ich es lesen noch jemand anderer.

Da leuchtet mir schon eher ein, was Moses zu seinem Volk sagt: »Merkt euch das und schreibt es euch auf Herz und Seele! Bindet euch diese Worte auf die Stirn und um das Handgelenk!«

Er legt ihnen etwas ganz Wichtiges ans Herz. Er möchte, daß sie alles, was er ihnen gesagt hat, be-herzigen. Und er möchte, daß sie den Sinn dieser Worte auch verstehen – deswegen sollen sie es sich auf die Stirn binden. Und vor allem möchte er, daß sie danach handeln – deswegen sollen sie es ums Handgelenk tragen. Ihr Fühlen, Denken und Handeln sollen von diesen Worten geprägt und durchdrungen sein.

Was er ihnen ans Herz legt, ist wirklich ernst und wichtig. Es geht um Leben und Tod, um Segen und Fluch.

Moses macht sich Sorgen um sein Volk. Wenn seine Leute nun bald am Ziel sind und im verheißenen Land wohnen – werden sie dann noch daran denken, was Gott alles für sie getan hat? Werden sie dann noch daran denken, daß er mit ihnen einen Bund geschlossen hat? Oder werden sie das alles ganz schnell vergessen?

Moses weiß, was auf dem Spiel steht. Es sind keine leeren Drohungen, die er an die Wand malt, sondern es ist die Wahrheit, die er ihnen ungeschminkt vorhält.
»Ihr habt die Wahl – heute und jeden Tag eures Lebens. Ihr seid vor die Wahl gestellt, für welchen Weg ihr euch entscheidet:
Wenn ihr weiterhin nach Gottes Geboten lebt, dann wird er euch mit seinem Segen begleiten. Wenn ihr aber anderen Göttern nachlauft und seine Gebote nicht beachtet, dann wird er euch seinen Segen entziehen – und das bedeutet Fluch.
Wenn ihr Gott die Freundschaft und die Treue haltet, heißt das für euch Leben. Wenn ihr aber den Bund brecht und ihm die Freundschaft aufkündigt, dann wird er euch fallenlassen – und das bedeutet den Tod. Darum schreibt euch diese Worte aufs Herz und auf die Seele, begreift, daß Gott es gut mit euch meint und handelt danach!«
Nichts anderes als Moses will Jesus auch. Wir hören es nachher im Evangelium.
Ähnlich wie Moses hat er seine Kerngedanken in der Bergpredigt zusammengefaßt. Und am Ende dieser Rede schärft er, wie Moses damals auch, seinen Zuhörern ein:
»Denkt daran: Nur mit ›Herr, Herr‹-sagen ist es nicht getan. Ihr habt meine Worte gehört und habt die Wahl, ob ihr danach handelt oder nicht. Wer sie hört und danach handelt, ist wie ein kluger Mann, der sein Haus auf Felsen baut. Wer sie hört und nicht danach handelt, ist selber schuld. Der ist wie ein törichter Mann, der sein Haus auf Sand baut.« – Wir alle kennen diesen Vergleich.
Auch Jesus stellt seine Zuhörer vor die Entscheidung, und damit setzt er die Linie von Moses fort.
»Was wollt ihr? Leben – oder Tod? Segen – oder Fluch? Euer Leben auf Fels bauen – oder auf Sand? Daß euer Leben Bestand hat – oder untergeht?«
Diese Frage gilt heute uns. Vor diese Entscheidung ist ein jeder, der zu Gott und zu Jesus gehören will, ein Leben lang

gestellt. Darum glaube ich, daß es gut ist, wenn wir uns diese Worte nicht nur hinter die Ohren schreiben, sondern darum bitten, daß wir sie auch be-herzigen können. Daß wir immer besser verstehen, daß sie gut für uns sind, und daß wir danach handeln können. Wir können diese Bitte auch zeichenhaft deutlich werden lassen, wenn wir nachher beim Evangelium das kleine Kreuzzeichen machen. Gewöhnlich machen wir die drei kleinen Kreuze auf die Stirn, auf den Mund und auf das Herz. Das ist ein Zeichen dafür, daß wir das Evangelium verstehen, verkünden und beherzigen wollen. Wenn Jesus uns heute davor warnt, nicht gedankenlos »Herr, Herr« zu sagen, könnten wir dieses kleine Kreuzzeichen einmal ganz bewußt abändern: wir machen ein Kreuz auf die Stirn – zum Zeichen dafür, daß wir seine Worte verstehen wollen. Wir machen ein zweites auf unser Herz – zum Zeichen dafür, daß wir seine Worte beherzigen wollen. Und wir machen ein drittes auf unsere Hand – zum Zeichen dafür, daß wir danach handeln wollen. Damit bringen wir zum Ausdruck, daß wir in derselben Geschichte stehen, die von Moses über Jesus bis zu uns reicht. Und wir bringen damit zum Ausdruck, daß wir uns heute wieder neu für das Leben und für Gottes Segen entscheiden wollen.

10. Sonntag im Jahreskreis

Hos 6, 3–6; Mt 9, 9–13

(Zu diesen Texten bietet es sich an, die Lesung in die Predigt zu integrieren)

In jedem Gottesdienst steht ganz am Anfang der Bußakt. Mit mehr oder weniger festgelegten Formeln bekennen wir da unser Versagen und bitten Gott um Vergebung. Und mit immer denselben Formeln bekräftigt der Priester dieses Schuldbekenntnis mit der Vergebungsbitte: »*Der allmächtige Gott erbarme sich unser; er lasse uns die Sünden nach und führe uns zum ewigen Leben ... Nachlaß, Vergebung und Verzeihung unserer Sünden gewähre uns der allmächtige und barmherzige Herr.*« Das alles läuft ganz automatisch ab, wir kennen es nicht anders. Aber steckt hinter diesen Formeln wirklich der Wille zur Umkehr, den wir mit den Worten verkünden – oder plappern wir das alles nur gedankenlos daher?

Was wäre wohl hier in der Kirche los, wenn auf das Schuldbekenntnis einmal nicht die erwartete und gewohnte Antwort des Priesters käme, sondern etwas ganz unerwartet anderes?

»*Was soll ich denn mit so einem dahergesagten Bekenntnis? Was soll ich denn mit solch leeren Versprechungen anfangen? Eure guten Vorsätze und eure Frömmigkeit sind nichts als Schall und Rauch. Ich aber will keine sinnlosen Opfer, sondern ich will Menschen, die mich lieben und so handeln wie ich.*«

Wahrscheinlich würde peinliches Schweigen in der Kirche herrschen. Ich kann mir gut vorstellen, daß es den Juden da nicht anders gegangen ist, als der Prophet Hosea ihr Schuldbekenntnis und ihre guten Vorsätze so beantwortet hat. Er setzt ihrer dahergeplapperten Formel ein Gotteswort entgegen, das sie *so* sicher nicht erwartet haben.

Lektor:
Das Volk sprach: »Laßt uns nach Erkenntnis streben, nach der Erkenntnis des Herrn! Sicher wie die Morgenröte ist sein Aufgang; er kommt auf uns herab wie der Regen, wie Frühlingsregen, der die Erde tränkt.«
Priester:
Gott antwortet darauf: »Was soll ich dir tun, Ephraim? Was soll ich dir tun, Juda? Eure Liebe gleicht dem Morgengewölk und dem Tau, der früh vergeht. Darum schlage ich drein durch die Propheten, ich töte durch die Worte meines Mundes. So strahlt mein Recht auf wie das Morgenlicht. Denn Liebe will ich, nicht Schlachtopfer, Erkenntnis Gottes, nicht Brandopfer.«

Hosea macht hier eines ganz deutlich: Gott braucht keine Sachen. Gott will Liebe. Er braucht keine Schlacht- und Brandopfer, er braucht keine Kerzen und Votivgaben, er braucht keine vorgefertigten Gebete und keine guten Vorsätze, die nur das schlechte Gewissen beruhigen wollen. Gott kann man nicht mit Äußerlichkeiten schmeicheln oder imponieren. Gott kann man nicht täuschen. Was er will, ist Liebe und Erkenntnis Gottes, sagt Hosea. Was er will, sind Menschen, die immer neu danach fragen, wie Gott ist, wie er uns will und was er von uns will. Menschen, die ehrlich beten, was wir vorhin auch gebetet haben:
»Schenke uns deinen Geist, damit wir erkennen, was recht ist, und es mit deiner Hilfe auch tun« (Tagesgebet).
Das ist allerdings der schwerere Weg. Denn er fordert uns ganz. Das wissen wir, und darum drücken wir uns gerne davor. Wir möchten uns viel lieber freikaufen von unseren eigentlichen Verpflichtungen und von unserer Verantwortung. Wir möchten es mit Gott am liebsten so machen wie mit manchem Mitmenschen:

– Wir schicken den alten Verwandten halt ein Kärtchen zu Weihnachten und zum Geburtstag, aber den lang versprochenen Besuch schieben wir immer wieder hinaus.

– Wir machen teure Geschenke an unsere Kinder, aber wir nehmen uns nicht mehr Zeit für sie.

Entsprechend opferten die Juden ein paar Tiere und meinten, damit seien sie mit Gott wieder »quitt«, oder die Christen beten ein paar »Vaterunser« und »Gegrüßet seist du Maria« nach der Beichte und meinen, sie seien nun mit Gott wieder »quitt«.

Genau betrachtet, ist es geradezu rührend, wie manche Leute ihr schlechtes Gewissen beruhigen wollen. Aber das ist falsch, sagt Hosea. Gott braucht keine Sachen. Gott will Liebe. Das ist etwas ganz anderes. Das ist viel mehr.

Gott braucht die äußeren Zeichen wie Gebete und Opfer nicht – die brauchen wir. Als Erinnerung, als Bekräftigung für unseren guten Willen. Aber sie müssen stimmen. Wenn sie wirklich Ausdruck für echte Umkehr stehen – gut. Wenn sie aber nur vorgeschobene Versuche sind, Gott zu beschwichtigen, dann sind sie sinnlos. Gott will Liebe, keine Sachen.

Das, was er von uns will, läßt sich nicht vorschreiben und festlegen – nicht per Gesetz und auch nicht durch die Religion. Auch wenn die Kirche – manchmal – gemeint hat und meint, es festlegen zu können.

Aber glauben wir wirklich im Ernst, daß wir eine Sünde, ein Versagen, ein Versäumnis dadurch gutmachen können, daß wir eine zehnpfündige Kerze stiften oder ein paar Rosenkränze beten? Davon hat Gott nichts, und die Menschen, an denen wir schuldig geworden sind, haben davon auch nichts.

Aber wie können wir dann Gott unsere Liebe zeigen, und wie können wir unseren guten Willen kundtun?

Ich denke, am besten dadurch, daß wir genau da anfangen, wo wir etwas schuldiggeblieben sind:

– daß wir Zeit erübrigen für die, die wir vernachlässigt haben,
– daß wir um Verzeihung bitten, wo wir verletzt haben,

– daß wir einen Irrtum zugeben, wo wir Gerüchte weitererzählt haben ...

Ich glaube, darüber würde Gott sich freuen. Denn Gott braucht keine Sachen – Gott will Liebe.
Und ihn können wir jetzt auch mit einem Lied um die Kraft bitten, daß unser guter Wille zur Umkehr auch die richtigen Früchte trägt:

Lied GL 622 »Hilf, Herr meines Lebens«

11. Sonntag im Jahreskreis

Ex 19,2–6a

Mit dem Fall der Mauer und der Öffnung der Grenze zur ehemaligen DDR sind viele Menschen zu uns gekommen, und sie kommen immer noch. Die meisten von ihnen kennen Gott nicht und sind nicht getauft. Hier bei uns erleben sie in manchen Gebieten, daß kirchliches Brauchtum und religiöse Traditionen eine große Rolle spielen. Sie erleben, daß auch der soziale Status – gerade in einem Dorf – davon abhängt, ob man Christ ist oder nicht. Und so kommt es nicht selten vor, daß sie sich erkundigen: »Was ist man denn hier? Evangelisch oder katholisch? Wir wollen da auch gern dazugehören.«

Wenn ich beim Taufgespräch Eltern die Frage stelle: »Warum wollt ihr euer Kind eigentlich taufen lassen?« dann bekomme ich häufig die Antwort: »Damit es später einmal keine Nachteile hat.«

Frage ich zurück, ob sie das Kind auch taufen lassen würden, wenn es dadurch Nachteile bekäme – dann werden die meisten ganz still.

So ist das. Die einen kommen aus einem gesellschaftlichen System, in dem es besser war, kein Christ zu sein. Getauft zu sein bedeutete: Nachteile zu haben, in schulischer wie in beruflicher Hinsicht. Keine Aussicht auf einen Studienplatz oder einen entsprechenden Arbeitsplatz. Und nun kommen sie hierher zu uns und erleben, daß es anders ist. Kein Christ zu sein, bedeutet in mancher Hinsicht, Nachteile zu haben: Die Kinder sind ausgeschlossen von den kirchlichen Festen, besonders von der Feier der Erstkommunion und der Firmung. Sie haben Freistunde, wenn die anderen Religionsunterricht haben, und müssen dafür womöglich am Nachmittag zum Ethikunterricht in die Schule ... Und schließlich leidet auch das Ansehen, wenn man in einem

Dorf, in dem alle katholisch oder evangelisch sind, nicht dazugehört.
Ich kann das verstehen. Aber gutheißen kann ich es nicht. Denn auf diese Art verkommt unsere Kirche langsam, aber sicher, zum Verein. Wenn wir so weitermachen, werfen wir unseren ureigensten Auftrag über Bord.
Gott hat andere Vorstellungen von seinem Volk. Er sagt in der Lesung:
»Ihr habt gesehen, was ich Ägypten angetan habe, wie ich euch auf Adlerflügeln getragen und hierher zu mir gebracht habe. Jetzt aber, wenn ihr auf meine Stimme hört und meinen Bund haltet, werdet ihr unter allen Völkern mein besonderes Eigentum sein. Mir gehört die ganze Erde, ihr aber sollt mir als ein Reich von Priestern und als ein heiliges Volk gehören.«
Ein heiliges Volk sollen wir sein – nicht ein Verein von Kirchensteuerzahlern. Ein Reich von Priestern sollen wir sein – nicht eine Ansammlung von Karteileichen.
Heilig heißt in der hebräischen Sprache *etwas Besonderes, Ausgesondertes, Erwähltes.*
Heilig ist das Gegenteil von *alltäglich, mittelmäßig, gewöhnlich.*
Deswegen ist vor allem Gott heilig – weil er so ganz anders ist als wir Menschen. Aber die, die sich sein Volk und seine Kinder nennen, sollen auch aus der Masse herausragen: als ein heiliges Volk und als ein Reich von Priestern. Die Priester waren bei den Juden diejenigen, die aus dem auserwählten Volk noch einmal besonders ausgewählt waren.
Das sollen wir nach Gottes Willen sein: ein heiliges Volk! Auserlesen, handverlesen. Güteklasse 1a, wenn Sie so wollen. Auslese wie bei einem Wein, wo jede Traube einzeln gelesen worden ist. Vom Feinsten, wie ein Geigenbauer nur das beste Holz verwendet, um daraus sein Instrument zu machen.
Wir dürfen ruhig stolz darauf sein, etwas Besonderes zu sein. Wir sind Gottes Volk! *Ekklesia – Kirche,* das heißt ja

auf deutsch dasselbe: die *Herausgerufenen.* Stolz dürfen wir sein – aber nicht eingebildet. Denn nicht wir haben was dafür getan, sondern Gott hat etwas dafür getan. Er hat uns erwählt. Dieses Bewußtsein erzieht uns zur Demut und fordert uns zugleich auf, unsere Erwählung auch ernst zu nehmen: seine Stimme zu hören und seinen Bund zu halten.
Das kann in der Tat auch mal mit Nachteilen verbunden sein. Denn wer aus der Masse herausragt, wird genau beobachtet und oft auch zur Zielscheibe von Spott und Hohn. Er eckt an und fällt auf.
Ob das denen klar ist, die fragen: »Was ist man denn hier: evangelisch oder katholisch?«
Ob das denen klar ist, die sagen: »Wir möchten unser Kind taufen lassen, damit es später mal keine Nachteile hat«?
Die Pfarrer allein können den Leuten nicht klarmachen, was es heißt, zum Volk Gottes zu gehören. Das muß erlebt und erfahren werden können – durch uns. Solange wir aber nur *sagen,* daß wir Volk Gottes sind, es aber nicht wirklich *sind,* sondern schön unauffällig in der Masse untergehen, so lange werden wir als Kirche kein Zeichen sein. Wir werden nicht ernst genommen, weil wir uns selber nicht ernstnehmen – und Gott schon gar nicht.
»Jetzt aber«, sagt er, »wenn ihr auf meine Stimme hört und meinen Bund haltet, werdet ihr mein Volk sein.« – Jetzt. Was spricht dagegen, nicht *jetzt* damit anzufangen?

12. Sonntag im Jahreskreis

Jer 20, 10–13; Mt 10, 26–33

Wer kennt sie nicht, die Leute, die einem vorne schöntun und hintenherum nur Schlechtes über einen reden! Es gab und gibt sie zu allen Zeiten. Auch der Prophet Jeremia hat das erfahren müssen – und er beklagt sich bitter über sie. Seine Feinde – das sind Leute, die mit ihrem Urteil über andere Menschen fertig sind. Jeder, der anders ist als sie selbst, wird nicht nur nicht geduldet, sondern regelrecht »fertiggemacht«. Sie stehen als viele einem einzelnen gegenüber – schon von vornherein eine aussichtslose Situation. Aber es sind anscheinend genau diejenigen, die sich durch das Wort des Propheten angegriffen fühlen, die sich verletzt oder überführt glauben. Doch weil ihr Herz verhärtet ist, müssen sie zurückschlagen.

Das Schlimme, was der Prophet beklagt, ist, daß diese Auseinandersetzung nicht offen erfolgt. Es gibt keinen Dialog von Mensch zu Mensch, sondern es wird hintenherum heimtückisch gezischelt Das Gerede und Getuschel ist überall – aber man weiß nicht, woher es eigentlich kommt, wer dahintersteckt ... Es wird nicht recht greifbar, aber es vergiftet ganz allmählich sogar die engsten Vertrauten des Jeremia. Nach dem Motto: »Hast du schon gehört ...? Ich will ja nichts gesagt haben, aber ...«

Zu allen Zeiten gab und gibt es diese Leute, die Gerüchte einfach weitererzählen. Und sie sind oft sehr scharfsinnige Beobachter von menschlichen Schwächen. Verständnisvolle Nachsicht kennen sie nicht. Alles wird von ihnen schonungslos ans Licht gezerrt.

Für Jeremia ist dieses Verhalten eine Qual. Man muß sich das einmal vorstellen: Er ist ja Prophet, von Gott in Dienst genommen – und wird nun ständig umlauert. Jedes Wort muß er auf die Goldwaage legen. Ein falsches Wort – und

man hat ihn. Keinem Menschen kann er mehr trauen. Das lähmt und macht mürbe.
Trotzdem gibt er die Hoffnung nicht auf. Er vertraut zwar nicht mehr auf Menschen, aber um so mehr auf Gott. Felsenfest ist er überzeugt, daß Gott auf seiner Seite steht und ihm recht geben wird. Und diese Überzeugung gibt ihm Kraft und Mut. Er kann weiter seinem Gewissen folgen und seine Überzeugung vertreten – auch wenn er allein gegen alle steht. Er ist auch nicht so verbittert, daß er seine Gegner selbst fertigmachen will. Er überläßt Gott das Gericht.
Wir wissen, daß Jesus ein ähnliches Schicksal hatte. Und auch uns wird es nicht erspart bleiben. Darauf bereitet er uns vor.
Wenn Jesus davon spricht, daß alles Verborgene ans Licht kommen wird, dann meint er das Gottesreich, das im Verborgenen beginnt wie das Wachsen eines Saatkorns. Die Jünger sollen offen davon erzählen, was sie von Jesus oft nur im Verborgenen, im kleinen Kreis gehört haben. Und sie brauchen keine Angst zu haben. Das wirkliche Leben können Menschen nicht töten. Sie können einen zwar fertigmachen, können Rufmord begehen, das Ansehen schädigen, wenn sie alles mögliche ausposaunen. Aber – sagt Jesus, es ist nicht die Aufgabe eines Menschen, die Haare seines Nächsten zu zählen. Sie sind von Gott gezählt – das genügt. Gott allein kennt uns durch und durch, und er betrachtet uns mit liebevollem Blick. Und er liebt uns trotz all unserer Fehler.
Darum kann Jesus sagen: »Fürchtet euch nicht! Es ist zwar keine Kleinigkeit, wenn ihr von anderen Leuten niedergemacht werdet. Aber euer eigentliches Leben liegt immer noch in Gottes Hand. Er hat das letzte Wort zu sprechen. Deshalb gilt: Wer sich vor den Menschen zu mir bekennt, zu dem werde auch ich mich vor meinem Vater bekennen.«

(Wesentliche Anregungen zu dieser Predigt sind entnommen aus: »Die alttestamentlichen Lesungen der Sonn- und Festtage, Lesejahr A, Bd. 2«, Würzburg 1971, S. 81–93)

13. Sonntag im Jahreskreis

Mt 10, 37–42

Wenn ich jemanden einlade oder sonstwie mit ihm Umgang habe, dann werde ich von anderen Leuten an diesem Umgang gemessen. Je nachdem, wer er ist, werde ich selber auf- oder abgewertet. Wir sagen ja auch, daß mich jemand mit seinem Besuch beehrt oder daß ich mich geehrt fühle ... Wer sich aber umgekehrt mit ungeliebten, unbequemen, unangesehenen Leuten abgibt, der sinkt im Ansehen seiner Mitmenschen, der wird abgewertet. Da heißt es dann: »Schau nur, mit was für Leuten der verkehrt! So einen Umgang wünsche ich meinen Kindern nicht!«

Man geht dabei anscheinend stets nach dem Grundsatz: Gleich und gleich gesellt sich gern.

Darum hat Jesus recht, wenn er sagt: »Wer einen Gerechten aufnimmt, weil es ein Gerechter ist, wird den Lohn eines Gerechten erhalten.« Das heißt, man wird ihn selbst auch für einen Gerechten halten und so behandeln – oder wenigstens wie einen, der versucht, gerecht zu sein.

»Wer einen Propheten aufnimmt, weil es ein Prophet ist, wird den Lohn eines Propheten erhalten. Und wer einem von diesen Kleinen einen Becher frisches Wasser zu trinken gibt, weil es ein Jünger ist, wird nicht um seinen Lohn kommen.« – Diese Sätze klingen so, als brächte es persönliche Vorteile, einen Propheten, einen Gerechten oder einen Jünger aufzunehmen. Aber das ist nicht unbedingt so.

Wer in einer Umgebung, wo alle anders denken als man selber, versucht, gerecht zu leben, der wird oft angefeindet. Und wer als Prophet kommt, wer gegen den Strom schwimmt und wirklich Gottes Wort redet und lebt, der ist nicht sonderlich beliebt. Wenn man solche Leute ins Haus aufnimmt, wird man mit ihnen in einen Topf geworfen. Denn das bedeutet ja, daß man deren Sache gutheißt.

Und gefährlich wird es sogar, wenn man in einer Zeit, in der die Christen verfolgt werden, einem Jünger Gastfreundschaft gewährt. Das kann einen Kopf und Kragen kosten.
Was Jesus also mit »Lohn« bezeichnet, ist für viele Menschen nichts Erstrebenswertes. Denn dieser Lohn macht einen bei den Leuten nicht zum Gewinner, sondern zum Verlierer. Man verliert unter Umständen nicht nur seinen guten Ruf oder seine Kundschaft, man gefährdet womöglich seine ganze berufliche und private Existenz oder setzt sogar sein Leben aufs Spiel. Und weshalb? – Weil man mit dem Gerechten, mit dem Propheten oder dem Jünger zusammen verlacht, verkannt, abgelehnt und ausgestoßen oder vernichtet wird.
Denn auch hier wird nach dem Grundsatz geurteilt: Gleich und gleich gesellt sich gern.
Vielleicht würde Jesus heute andere Vergleiche ziehen. Vielleicht würde er heute sagen: »Wer einen Asylanten aufnimmt, weil er ein Asylant ist, der wird Asylantenlohn empfangen. Und wer einem Gastarbeiter oder einem Strafentlassenen Arbeit gibt, weil sie Gastarbeiter oder Strafentlassene sind, der wird diesen Lohn empfangen. Und wer irgendeinem Menschen etwas Gutes tut, weil er Christ ist, der wird mit den Christen in einen Topf geworfen.«
Jesus sagt damit auch, was er unter Gastfreundschaft versteht:
Nicht nur die einladen, die einen dann auch wieder einladen. Nicht nur die einladen, deren Umgang mir Vorteile bringt. Sondern auch auf Fremde zugehen. Das Risiko eingehen, daß einer, der uns fremd bleibt in seinen Ansichten, vielleicht unbequeme Fragen stellt. Jesus selber war oft eingeladen und hat den Gastgebern gegenüber kein Blatt vor den Mund genommen.
Wir wissen schließlich auch aus dem Evangelium, daß Jesus selber gern unerkannt zu uns kommt: »Wer euch aufnimmt, der nimmt mich auf.« In jedem, der zu uns kommt, der etwas von uns will, können wir Jesus begegnen. Und oft

sind es ja gerade die Menschen, die außerhalb unseres Blickfeldes leben, in denen Jesus zu uns kommen will.
Deshalb verlangt er auch, daß wir ihn mehr lieben als alles andere. Der Grundsatz »Gleich und gleich gesellt sich gern« ist zu wenig. Das gab es immer. Aber dadurch ändert sich nichts. Dann bleiben immer alle unter sich. Die Außenseiter bleiben draußen, die Reichen bleiben reich und die Armen bleiben arm.
Gott aber will alle Menschen in sein Reich einladen. Deshalb sollen auch wir bei unseren Einladungen, bei unserem Umgang keine Grenzen ziehen. Gott braucht uns: unsere Offenheit, unsere Aufgeschlossenheit, unsere Freiheit und Toleranz, auf andere Menschen zuzugehen.
Wer meint, er habe sein Leben schon gefunden, wer meint, er brauche nicht mehr offen zu sein, wer meint, er habe schon genug getan – der ist seiner nicht wert.
Wer sich ausschließlich an ganz bestimmte Menschen klammert – und seien es die Eltern, die Kinder, die Freunde –, der kann nicht mehr offen sein für Gott und den Nächsten.
Wer nur an seinem Freundeskreis, seinem Hobby, seinem Verein hängt und davon seine ganze Liebe aufbrauchen läßt, kann Jesus in diesem Punkt nicht mehr folgen. Wer sein Ansehen, seinen guten Ruf, seinen Wohlstand mehr liebt als Jesus, der verspielt sein Leben.
Vielleicht wäre es einmal eine ruhige Stunde wert, bei mir selbst nachzuforschen:
Gebe ich mich eigentlich nur mit solchen Leuten ab, die mir etwas nützen, die meine Karriere fördern, von denen ich mir etwas verspreche? Oder kann ich auch auf andere zugehen und mich ohne Hintergedanken verschenken?
Liebe ich Jesus wirklich? Oder sind mir andere Dinge oder Menschen viel wichtiger und viel lieber?
Ich bin sicher: Wenn wir diese Frage ehrlich an uns heranlassen, dann werden wir auch merken, wo wir Jesus noch nicht nachfolgen, sondern allenfalls hinterherhinken.

14. Sonntag im Jahreskreis

Mt 11,25–30

Mir scheint, dieses Evangelium paßt besonders gut in unsere Zeit. Denn wer stöhnt heute nicht über Streß, über Arbeit und Sorgen? Wer stöhnt heute nicht darüber, daß er mit seinen Aufgaben nicht fertig wird und daß die Zeit so schnell vergeht?

Ein Mann unserer Tage hat einmal gesagt: Die kürzeste Erklärung für Religion ist *Unterbrechung.*

Religion als *Unterbrechung:* Einmal alles liegen- und stehenlassen und sich bei Gott ausruhen. Und genau das ist es doch, was Jesus im heutigen Evangelium sagt. Er wird all denen Ruhe verschaffen, die unter Lasten stöhnen. Die einzige Voraussetzung dafür ist zunächst einmal, daß wir kommen.

Religion als *Unterbrechung des Jahres:*

Schon im Jahreslauf bemerken wir, daß hier unser Glaube immer wieder Unterbrechungen setzt: Dann nämlich, wenn wir die großen Feste feiern. Darum halten wir Feiertage – oder sollten sie zumindest halten. Die Menschen früherer Zeiten waren noch viel stärker davon geprägt. Damals kannte man das Wort »Urlaub« noch nicht. Da gab es eben die Arbeitszeiten und dann die großen Fest- und Feiertage, an denen alles liegen- und stehenblieb und man richtig gefeiert hat.

Ich denke mir, wir sollten diese Unterbrechungen nutzen und wirklich ausruhen, wenn uns das Kirchenjahr Feier- und Ruhetage anbietet.

Religion als *Unterbrechung der Woche:*

Genauso verhält es sich mit dem Sonntag. Auch unser Sonntag ist so ein Tag, der unseren Alltag unterbrechen will, damit wir einmal zur Ruhe und zum Verschnaufen kommen. Der Sonntag ist Sabbat-tag, Ruhetag. Und er kann

uns helfen, uns wieder neu bei Gott die Kraft zu holen für unseren Werktag. Das dürfen wir mit der ganzen Gemeinde feiern: daß wir nicht alles allein schaffen müssen, sondern daß Gott in allem bei uns ist.
Darum ist es wichtig, diese Feiertage und die Sonntage heiligzuhalten, freizuhalten von aller Arbeit. Wenn wir es nicht tun, sind wir selber schuld, daß wir nicht mehr zum Verschnaufen kommen. Jesus bietet es uns an, zu ihm zu kommen und ruhig zu werden. An uns liegt es, dieses Angebot anzunehmen und zu nutzen.
Religion als *Unterbrechung im Alltag:*
Auch im Alltag brauchen wir Pausen. Solche Pausen können Besinnung und Gebet sein. Dabei geht es nicht in erster Linie darum, daß wir jeden Tag ein bestimmtes Pensum an Gebeten »erledigen« – denn sonst sind wir nämlich selbst bald »erledigt«. Es geht vielmehr darum, im Alltag immer wieder auf Gott zu schauen, uns bei ihm auszuruhen und von ihm Kraft zu bekommen. Auch hier ist unser Glaube eine heilsame *Unterbrechung.*
Kurz gesagt: Es geht darum, daß wir durch das Jahr, durch die Woche und durch den Tag nicht den Kontakt mit Gott verlieren. Es geht nicht um zusätzliche Leistungen an Frömmigkeit, die wir für Gott erbringen müßten. Es geht darum, ihn in allem, was wir tun, zu suchen.
Religion als *Unterbrechung des Gewöhnlichen.*
Ich habe dazu noch kein besseres Bild gefunden als ein Gleichnis, das der heilige Franz von Sales einmal geprägt hat. Er sagt:

Mache es wie die kleinen Kinder: Mit einer Hand halten sie sich an ihrem Vater fest und mit der anderen pflücken sie Erdbeeren oder Brombeeren am Wegrand. Halte du dich ebenso, während du die Güter dieser Welt mit einer Hand sammelst und handhabst, mit der anderen Hand stets an deinem Vater im Himmel fest, wende dich ihm von Zeit zu Zeit zu, um zu sehen, ob es ihm recht ist, wie du es machst und was du tust. Und achte bei all deinen Geschäften gut darauf, daß du nicht seine Hand losläßt und seinen Schutz verlierst, weil du meinst, dann mehr zusammenraffen oder einsammeln zu können; wenn er dich losläßt, wirst du keinen einzigen Schritt mehr tun, ohne auf die Nase zu fallen. Ich meine, wenn du gewöhnliche Aufgaben und Beschäftigungen hast, die keine so genaue und dringliche Aufmerksamkeit verlangen, solltest du mehr auf Gott schauen als auf diese Aufgaben. Wenn die Aufgaben aber wichtig sind und deine ganze Aufmerksamkeit beanspruchen, damit du sie gut erfüllen kannst, dann blicke wenigstens von Zeit zu Zeit auf Gott, wie es die Seeleute auf hoher See tun: Um das Land, das sie erreichen möchten, zu finden, schauen sie mehr nach oben zum Himmel als nach unten, wo ihr Schiff auf den Wogen des Meeres dahinzieht. So wird Gott mit dir arbeiten, in dir und für dich, und deine Arbeit wird dir zum Trost werden.

Religion als *Unterbrechung*. Ich glaube, so hat Jesus das gemeint – und so dürfen wir es verstehen. Seine Einladung gilt – wollen wir sie annehmen?

(Text aus: Franz von Sales: »Feuer und Tau. Texte zum Nachdenken«, Freiburg 1986, S. 40)

15. Sonntag im Jahreskreis

Mt 13, 1–23

Ich erinnere mich noch gut an eine Fortbildung zum Thema »Religionsunterricht«. Immer wieder tauchte da die Frage auf: Was bringt's eigentlich? Was bleibt denn letztlich bei den Schülern hängen? Ist das nicht vergebliche Liebesmüh? Das meiste geht doch eh daneben.
Solche Fragen kennen wir. Es ist ja manchmal schon so, daß man alles hinschmeißen möchte. Lohnt sich denn der ganze Aufwand, den wir betreiben?
So fragen die Gruppenleiter vielleicht auch, die Woche für Woche Gruppenstunden halten.
So fragen die Eltern vielleicht auch, die sich um ihre Kinder bemühen und anscheinend nichts erreichen.
So fragen vielleicht auch diejenigen, die in der Gemeinde aktiv sind und erleben müssen, daß bei allem Engagement doch nicht mehr Leute kommen.
Immer wieder dieselbe Frage: Lohnt sich denn der ganze Aufwand? Was bringt's eigentlich?
Jesus scheint auch ziemlich niedergeschlagen zu sein. Geht nicht das meiste von dem, was er sagt und tut, daneben – wie dem Sämann seine Körner danebenfallen? Er predigt und lehrt, er heilt und tröstet – und was bleibt davon? Kaum einer versteht wirklich, worum es Jesus geht.
Mit den Worten des Propheten Jesaja drückt Jesus seine Enttäuschung aus. Es gibt halt immer Leute, die nicht hinhören wollen. Es gibt immer Leute, an die man einfach nicht rankommt.
Damit mußte Jesus leben, und damit müssen wir leben. Aber Jesus sagt auch: Verzweifelt nicht! Gebt nicht auf! Euer Mühen wird Frucht bringen. Etwas von dem, was ihr sät, geht auf.
Ich denke da an meine eigene Zeit als Gruppenleiter zu-

rück. Jahrelang habe ich Gruppenstunden für meine Pfadfinder gehalten, Woche für Woche. Und was ist aus ihnen geworden? Einer ist aus der Kirche ausgetreten. Viele sind Gelegenheitschristen. Und einer ist ins Kloster gegangen. War die Arbeit umsonst? Hat sich der ganze Aufwand gelohnt?

Jesus würde diese Frage sicherlich mit »ja« beantwortet. Ja, es lohnt sich. Wenn nur einer wirklich kapiert, worum es geht, hat sich der ganze Aufwand gelohnt.

Vielleicht erreichen wir ja bei ein paar Kindern durch ein Zeltlager oder durch Gruppenstunden eine Begeisterung, die anhält.

Vielleicht wächst durch geduldige Jugendarbeit doch ein klein wenig religiöse Überzeugung.

Vielleicht geht doch jemandem bei einem Glaubensseminar ein Licht auf.

Vielleicht bleibt auch vom Religionsunterricht etwas hängen.

Jesus sagt uns: Habt Vertrauen! Euer Mühen ist nicht umsonst. Auch wenn scheinbar das meiste vergeblich ist; wenn vieles danebengeht: mit dem Wort Gottes ist es genauso. Es muß vielleicht so sein. Aber das Wort Gottes erreicht letztlich doch alles, was es soll. Das wenige, das auf guten Boden fällt, bringt so viel Frucht, daß es schließlich doch reicht: zum Leben und für die kommende Aussaat.

Es bringt Frucht: hundertfach oder sechzigfach oder dreißigfach.

Aber es reicht.

16. Sonntag im Jahreskreis

Mt 13,24–43

Ein Sprichwort sagt: *Wer einen Esel kauft, erwirbt auch graue Haare. Wer einen Acker kauft, bekommt auch Steine.* Das heißt doch: Vollkommenes gibt es hier auf Erden nicht. Nur – wir Menschen scheinen trotzdem anderer Meinung zu sein und suchen immer nach dem Vollkommenen, manchmal auch mit Gewalt.

Wir legen Parks und Beete, Rasenflächen, Obstgärten und Wälder, Äcker und Gemüsegärten an. Und alles, was da gegen unseren Willen auftaucht, nennen wir Unkraut. Unkraut ist aber etwas Relatives. Der Landwirt sieht nicht gern Klatschmohn in seinem Korn stehen, aber der Wanderer freut sich daran.

Das Unkraut, von dem Jesus in seinem Gleichnis spricht, gibt es tatsächlich. Es ist der Taumellolch. Diese Pflanze wächst im ganzen Mittleren Osten und ist eine ziemliche Plage. Sie ist bitter und ein Brechmittel, ja fast ein Gift. Vor allem aber kann man diese Pflanze *nur zur Erntezeit* vom Weizen unterscheiden. Nicht einmal der Bauer erkennt vorher einen Unterschied. Zur Erntezeit aber neigt sich der reife Weizen zur Erde, das Unkraut aber bleibt aufrecht stehen.

Deswegen verwendet Jesus diesen Vergleich, um seinen Auftrag deutlich zu machen. Genauso, wie der Bauer darauf aus ist, blühende Gärten, reife Felder und Überfluß an neuem Leben zu erzielen, so liegt auch Jesus daran, daß die Menschen zur Blüte und Reife kommen. Um im Bild zu bleiben: Er will seine gute Nachricht nicht ängstlich unter der Erdoberfläche verborgen halten, sondern sie soll zum Vorschein kommen, damit wir wachsen und fruchtbar werden.

Leben wächst nun einmal in Vielfalt, in Kraut und Un-

kraut. Wenn wir nun anfangen, alles, was da wächst, zu unterdrücken – dann ist unser Leben ein kahler Acker. Ohne Unkraut – aber auch ohne Weizen.
Wenn Menschen wirklich wachsen und leben, dann entfalten sie eine Menge an Fähigkeiten. Die Fähigkeiten, zu genießen, zu lieben, zu achten, Kontakte herzustellen ... Aber mit diesen Möglichkeiten wachsen auch andere Fähigkeiten heran: verzweifelt zu sein oder wütend, stolz oder eigensinnig, verbittert oder grausam.
Wenn Menschen zum Leben kommen, dann gibt es keine schön geharkten Beete, sondern nur die bunte Abwechslung: den Acker mit Weizen und Unkraut.
Für Eltern ist es z.B. oft erfreulich, wenn sie erleben, wie ihre Kinder aufwachsen und zu eigenem Leben finden, wie sie ihre eigenen Interessen entwickeln, eigene Freunde finden, eigene Ansichten haben.
Doch auf der anderen Seite bereitet dasselbe Wachstum den Eltern auch Sorgen. Es wird weniger auf sie gehört, es wird mehr über ihren Kopf hinweg entschieden, es werden vielleicht andere Wege beschritten, als sie es sich vorgestellt haben.
Wenn Menschen bei sich selbst oder bei anderen Unkraut feststellen, dann reagieren sie oft wie die Knechte im Evangelium: Es muß raus! Weg damit!
Wenn uns etwas ärgert, sind wir genau wie die Knechte geneigt, augenblicklich etwas dagegen zu unternehmen. Das Evangelium weist uns auf eine andere Möglichkeit hin:
Reiß das Unkraut nicht aus, mähe es nicht um, sondern laß es stehen und mit dem Weizen heranwachsen! – Weshalb?
Weil man mit dem Unkraut auch den Weizen ausreißen würde!
Anders gesagt:
Durch den Kampf gegen die eigenen Mängel und Fehler kann man in die Gefahr geraten, seine Talente zu vergessen; durch den Kampf gegen die Fehler anderer könnte man vergessen, das Gute aneinander wahrzunehmen und auf-

einander zuzugehen; wenn man sich nur mit dem Unkraut beschäftigt, kann man leicht den Weizen übersehen.
Wer Christ ist, der ist genauso anfechtbar wie alle anderen. Wer Christ ist, weiß, daß das Leben nicht nur herrlich und schön ist, daß er selbst nicht nur heil und gut ist. Und auch der Acker – die Welt und die Kirche – ist nicht nur weise und heilig.
Das Befreiende am Evangelium ist nicht, daß Jesus alles Unkraut in der Welt beseitigt und ausgerottet hat. Das Befreiende ist, daß wir vor diesem Unkraut keine Angst mehr zu haben brauchen. Wir dürfen wachsen und uns entfalten mit unserem Weizen und mit unserem Unkraut. Am Tag der Ernte wird beides offenbar. Dann ist es Zeit, das Unkraut auszureißen. Vorher nicht.

(Anregungen zu dieser Predigt sind entnommen aus: »Mitten unter euch« vom 19. 7. 1987, S. 5–10)

17. Sonntag im Jahreskreis

Mt 13, 44–52

Ein geflügeltes Wort sagt: »Was du ererbt von deinen Vätern, erwirb es, um es zu besitzen!« Das heißt doch: Das, was ich schon immer habe, muß ich mir erst selbst aneignen, um seinen wahren Wert schätzen zu lernen. Sonst ist es für mich wertlos. Sonst habe ich mich so daran gewöhnt, daß es mir eigentlich gar nichts bedeutet.
Ist es mit unserem Glauben nicht auch so? Wir bekommen ihn in die Wiege gelegt, wir werden getauft, ohne daß man uns fragen kann. Wir gehen zur Erstkommunion, werden gefirmt, heiraten kirchlich und wollen auch einmal kirchlich beerdigt werden. Und das war's dann vielleicht schon. Mancher hängt an seinem Glauben wie an einem schönen alten Möbelstück, das einen festen Platz in der Wohnung hat, das aber eigentlich nutzlos geworden ist.
Manchmal entdeckt man aber durch einen Zufall oder durch ein Mißgeschick, daß unter der Farbschicht eines alten Möbels ein wahres Schmuckstück verborgen ist, von dem man gar nichts geahnt hat. Man laugt es ab und hat einen wahren Schatz gefunden.
Ich denke, unser Glaube ist so ein Schatz. Nur haben wir uns vielleicht schon so daran gewöhnt, daß wir seinen wahren Wert nicht mehr erkennen. Damit der Glaube für uns wirklich ein *Schatz* wird, müssen wir ihn neu *schätzen* lernen. Und manchmal ist es auch notwendig, daß wir mit der Nase darauf gestoßen werden.
Im Gleichnis ist es ja genauso. Ganz plötzlich entdeckt da einer im Alltäglichen und Gewöhnlichen einen Schatz.

- Der Acker ist ja schon immer da. Aber eines Tages merkt man, daß dieser Acker eine wahre Goldgrube ist.
- Der Perlensucher ist tagein, tagaus damit beschäftig, Perlen zu suchen, aber eines Tages entdeckt er *die* Perle.

(»Schatz« und »Perle« sagen wir übrigens ja auch zu Menschen, mit denen wir oft zu tun haben und deren Wert wir auf einmal ganz neu entdecken.)

– Der Fischer fährt jeden Tag hinaus und arbeitet – und eines Tages macht er den Fang seines Lebens.

Dieses Gleichnis sagt uns, daß wir nicht plötzlich aus dem Gewohnten auszusteigen brauchen. Wir brauchen nicht zu irgendeiner Sekte zu gehen oder auf überwältigende religiöse Erfahrungen zu warten, um unseren Glauben als Schatz zu entdecken. Wir brauchen nur beharrlich unseren Weg und unserer Arbeit nachzugehen. Aber wir brauchen auch die nötige Offenheit für Überraschungen in dem, was wir tagtäglich tun. Dann können wir auch eines Tages darauf kommen, daß unser Glaube eine Goldgrube, eine Perle, ein guter Fang ist.

Menschen, für die unser Glaube neu ist, die von anderen Religionen oder Konfessionen kommen, haben es da leichter. Wir müssen den Wert unseres Glaubens oft wieder mühsam schätzen lernen, damit es ein Schatz für uns wird. Ich wünsche uns allen solche Erfahrungen und Erlebnisse, wo wir auf einmal merken, welche verborgenen Schätze wir die ganze Zeit schon in uns tragen, ohne es zu wissen. Ich wünsche uns solche Erfahrungen und Entdeckungen, daß wir unseren Glauben eines Tages als solch einen Schatz entdecken, daß wir wie Theresa von Avila sagen können: *Wer Gott hat, der hat alles. Gott allein genügt.*

18. Sonntag im Jahreskreis

Jes 55, 1–3; Mt 14, 13–21

»Wenn's bayerisch Bier regnet und Bratwürste schneit, dann bitt' ich den Herrgott, daß das Wetter so bleibt!«

Dieses Schnadahüpferl könnte fast eine neue Ergänzung für den Propheten Jesaja sein.
»Auf, alle Durstigen, kommt zum Wasser; auch wer kein Geld hat, soll kommen! Kauft Brot und eßt, kommt und kauft ohne Silber, ohne Bezahlung Wein und Milch!«
Das klingt verheißungsvoll. Eine Art Schlaraffenland womöglich, wo es alles nur vom Feinsten gibt – und noch dazu umsonst? Da müssen wir hin! Mit solchen Versprechungen lassen auch wir heutigen Menschen uns schnell neugierig machen. »Lockangebote« nennt das die Werbung: Freibier und Schlußverkauf – und schon drängen sich die Leute vor den Tischen.
Jesaja macht das sehr geschickt, wie er unsere Neugier einfängt. Stellen wir uns also einmal vor, wir hätten sein Sonderangebot gehört und gelesen und würden hingehen. Ich glaube, wir wären erst einmal enttäuscht, wenn wir dort ankämen, wo es diese sagenhaften Angebote geben soll. Wir würden nämlich sehr schnell feststellen, daß es das, was wir erwartet hatten, da nicht gibt. Keine gebratenen Tauben, die einem von selbst in den Mund fliegen, keinen Bierregen und keine Bratwürste vom Himmel.
Statt dessen würde uns Jesaja fragen: »Warum bezahlt ihr eigentlich mit Silber das, was euch nicht nährt, und mit eurem Verdienst das, was euch nicht satt macht?«
Da hat er recht. Oft genug kreist unser Leben ja nur um Vordergründiges. Wir opfern eine Menge Zeit und Geld für Dinge, die uns letztlich doch leer und unbefriedigt lassen. Der Hunger kommt wieder, der Drang, die Gier nach im-

mer Neuem, Besserem. Aber satt werden wir nie. Im Gegenteil – wir werden immer unersättlicher. Deswegen wäre es uns auch am liebsten, wenn wir in so einer Art Schlaraffenland leben könnten, wo es alles in Hülle und Fülle gibt, wo es Bier regnet und Bratwürste schneit.
»Aber damit kann ich euch leider nicht dienen«, sagt Jesaja. »Das macht euch ja doch nicht satt. Bier und Bratwürste vom Himmel habe ich nicht zu bieten. Aber Brot vom Himmel. Etwas, was euch bleibend satt macht. Etwas, was euren Lebenshunger stillt und euren Wissensdurst. Etwas, was eure Fragen beantwortet und eure Suche nach Lebenssinn befriedigt. Brot vom Himmel – das Wort unseres Gottes. Das ist noch wichtiger als Speise und Trank. Hört, so werdet ihr leben, sagt Gott! Sein Wort ist Nahrung für die Seele. Und es ist unbezahlbar. Deswegen bekommt ihr es auch geschenkt. Denn das Lebens-not-wendige kann man nicht kaufen. Ihr bekommt es gratis, geschenkt – wenn ihr wollt. Aufzwingen kann ich es euch nicht.«
Das würde uns Jesaja vielleicht sagen. Jesus übrigens auch. Er hat es lediglich umgekehrt gemacht, wie wir nachher im Evangelium hören werden. Er hat den Leuten erst Gottes Wort verkündet und dann, quasi als Zugabe, als Bestätigung für Gottes Großzügigkeit, auch ihren leiblichen Hunger gestillt.
Ich denke, unser leiblicher Hunger ist gestillt. Wir haben alle gut gefrühstückt, bevor wir hierher zum Gottesdienst gekommen sind. Ich hoffe aber auch, daß wir genügend anderen Hunger mitgebracht haben: den Hunger nach dem Brot vom Himmel, nach dem Wort Gottes, das uns sagt: »Hört auf mich, so werdet ihr das Beste essen und euch laben an köstlicher Speise. Hört, so werdet ihr leben!«

19. Sonntag im Jahreskreis

1 Kön 19,8b–9a.11–13a

Es ist noch kein Meister vom Himmel gefallen, und auch Propheten haben lernen müssen. Anders kann ich diese Geschichte nicht verstehen, außer als Erzählung darüber, wie Elija etwas Wichtiges über Gott lernt. Besser müßte ich eigentlich sagen: wie er Gott kennenlernt oder erfährt.
Was lernt Elija? Daß Gott in einem sanften, leisen Säuseln da ist und zu ihm sprechen will.
Das ist doch merkwürdig, oder? Was soll das bedeuten? Und was bedeutet es, daß Gott nicht im Sturm, nicht im Erdbeben und nicht im Feuer ist?
Ich denke mir, daß Elija zunächst einmal ganz schön verunsichert und irritiert war. Denn für ihn und seine Zeitgenossen war völlig klar, daß Gott nicht einfach so zum Menschen spricht oder erscheint. Wenn Gott sich offenbart oder einen Befehl erteilt, dann wird das durch solche Naturkräfte eingeleitet oder untermalt. Die gewaltigen Kräfte der Natur sollen Zeichen für die noch gewaltigere Macht Gottes sein. Diese Glaubenshaltung finden wir heute noch in manchen Psalmen ausgedrückt. Dort wird Gott besungen als der, dessen Stimme Eichen emporwirbelt und ganze Wälder kahlreißt, als der, der Berge zerschmelzen läßt wie Wachs ... Für Elija und seine Glaubensgenossen war Gott der Gewaltige. Stark wie ein Sturm, kraftvoll wie Feuer, mächtig wie ein Erdbeben, unbesiegbar wie ein Vulkan.
All diese Gewalten erlebt Elija hier kurz nacheinander: Sturm, Erdbeben und Feuer. Nur von Gott ist da keine Spur. Gott zeigt sich erst hinterher im sanften, leisen Säuseln.
Ich kann mir gut vorstellen, daß Elija durcheinander war. Denn noch kurz zuvor hatte er Gott ja gerade in so einem machtvollen Zeichen erlebt. Da ging es um die Frage, wel-

cher Gott der richtige und wahre Gott ist: Jahwe oder Baal. Der wahre Gott – so glaubten die Menschen damals – muß der stärkere Gott sein. Auf Bitten des Elija hat Jahwe in einem Zeichen klargemacht, daß er der einzige Gott ist. Das Opfertier des Elija ging ohne menschliches Zutun in Flammen auf – das der Baalspriester nicht. Da hat Gott dieses Kräftemessen eindeutig für sich entschieden und im Feuer ein Zeichen getan! Da war er doch »im Feuer« da!

Wenig später hat Gott sich dann ganz anders gezeigt. Da ist Elija von Depressionen heimgesucht worden und wollte sterben. Er hat sich einfach in der Wüste unter einen Strauch gelegt und auf den Tod gewartet. Da hat Gott seinen Engel geschickt, heißt es, der ihn mit Brot und Wasser gestärkt hat.

Dieses Handeln Gottes hat Elija wohl nicht so ganz verstanden. Man hat eher den Eindruck, daß er sich nur widerwillig und lustlos aufgerappelt hat und weitergegangen ist, bis hin zu dem Berg Horeb.

Und da steht er nun. Sturm, Feuer und Erdbeben ziehen an ihm vorüber – und er entdeckt darin von Gott keine Spur. Erst als er das sanfte, leise Säuseln hört, weiß er, daß Gott jetzt da ist.

Ich denke mir: Hier, in diesem Augenblick, begreift Elija plötzlich, daß Gott ja eigentlich *immer* da ist. Gott ist so mächtig, daß er nicht auf äußere Zeichen von Stärke und Kraft angewiesen ist. Und es wäre falsch, Gott nur in solchen Zeichen zu suchen, Gott nur im Außergewöhnlichen – ob im Schrecklichen oder Wunderbaren – zu erwarten. Das Außergewöhnliche *kann* ein Hinweis auf Gottes Gegenwart sein, aber es *muß* nicht. Denn Gott ist immer da, nicht nur dann, wenn etwas Besonderes geschieht.

Durch das Hören des leisen Säuselns wird das Elija bewußt.

Vielleicht waren Sie selber schon einmal an einem windstillen Tag irgendwo weit draußen auf freiem Feld oder auf einem hohen Berg; irgendwo an einem Ort, wo es ganz still war. Obwohl es ganz still ist, hört man nicht einfach nichts.

Wenn man ganz aufmerksam lauscht, ist da ein beständiges leises und unauffälliges Rauschen, das sonst von allen möglichen Geräuschen überdeckt ist.
Das wird es gewesen sein, was Elija gehört hat. Und dieses leise Rauschen wird für ihn zu einem Zeichen. Dadurch begreift er, daß Gott – wie dieses Rauschen – immer da ist.
Vielleicht hilft diese uralte Erzählung auch uns modernen Menschen. Denn uns fehlt auch oft noch dieses Wissen darum, daß Gott immer da ist. Daß es falsch wäre, ihn nur im Außergewöhnlichen zu suchen und zu erwarten. Aber gerade das tun manche Menschen. Manche denken nur an ihn, wenn etwas Außergewöhnliches, etwas außergewöhnlich Schlimmes passiert ist, und fragen dann: Wie kann Gott das zulassen?
So hat Elija auch lange gedacht. Heute hat er etwas dazugelernt: Gott ist immer da.
Man sieht: Es ist noch kein Meister vom Himmel gefallen, und auch Propheten haben lernen müssen.
Auch wenn wir keine Propheten sind und keine Meister – das können wir lernen: mit Gottes Gegenwart immer und überall zu rechnen; nicht nur dann, wenn es blitzt und kracht, sondern gerade dann, wenn sich scheinbar gar nichts Besonderes ereignet: im Alltag.

20. Sonntag im Jahreskreis

Jes 56, 1.6–7

(Auch heute bietet es sich an, die Lesung in die Predigt zu integrieren, um so beim Hörer den nötigen Hintergrund zu schaffen; siehe 10. Sonntag im Jahreskreis)

»Es gibt welche drinnen, die sind eigentlich draußen. Und es gibt welche draußen, die sind eigentlich drinnen.«
Der das gesagt hat, war der heilige Augustinus. Und gemeint hat er die Christen und die Kirche.
Es gibt welche, die zwar dem äußeren Anschein nach dazugehören, die aber ihrem Verhalten nach draußen sind – Fernstehende, sagen wir heute. Und es gibt welche, die zwar offiziell nicht dazugehören (oder es nicht wollen), die aber ihrem Verhalten nach viel mehr dazugehören als manche anderen.
Seelsorger heute können ein Lied davon singen. Und wir befinden uns dabei in bester Gesellschaft. Auch der Prophet Jesaja hat mit diesem Problem zu tun gehabt. Wer gehört nun zur Gemeinde? Wer gehört zum auserwählten Volk Gottes? Gewisse streng-konservative Kreise haben gesagt: Nur, wer Voll-Jude ist, gehört dazu. Nur, wer von Geburt an Jude ist oder durch Beschneidung Jude wird, gehört dazu. Alle anderen nicht.
Doch damit ist Jesaja nicht einverstanden. Was ist dann mit denen, die bei den Juden die *Gottesfürchtigen* genannt worden sind, die *Proselyten*? – Das waren Fremde, Nicht-Juden. Aber sie hatten die Religion, die Gesetze und den Gottesdienst der Juden freiwillig übernommen, weil sie überzeugt waren, daß Jahwe allein Gott ist. Nur beschnitten waren sie nicht. Diese *Gottesfürchtigen* sollten nicht dazugehören und ausgeschlossen bleiben vom Heil?
Jesaja läßt Gott selbst die Antwort geben:

(An dieser Stelle die Lesung vortragen lassen)

Bei Gott gelten also offensichtlich andere Kriterien für »drinnen« und »draußen«, für Zugehörigkeit und Fernstehen.
Wer ihm dient, wer ihn liebt, wer den Sabbat hält und seinem Bund treu bleibt, der gehört dazu. Zugehörigkeit zu Gott und zu seiner Gemeinde ist also nicht etwas, was man ein für allemal hat: durch Geburt oder Beschneidung oder Taufe. Zugehörigkeit zu Gott ist etwas, wofür man sich immer wieder neu entscheiden muß. Zugehörigkeit zu Gott ist etwas, was man immer wieder durch das Leben selber unter Beweis stellen soll.
Und da gab und gibt es in der Tat viele, die zwar dem Namen nach drinnen, ihrem Verhalten nach aber draußen sind – und umgekehrt.
Die Unterschiede liegen nicht im *Schein*, sondern im *Sein*. Gott beurteilt nach ganz anderen Maßstäben als wir Menschen. Ein paar von diesen Maßstäben haben wir ja gehört: ihm dienen, ihn lieben, den Sabbat halten und seinem Bund treu bleiben. Noch wichtiger aber scheint mir der erste Satz der Lesung zu sein, wo Gott sagt: »Wahrt das Recht und übt Gerechtigkeit, denn bald wird mein Heil kommen und meine Gerechtigkeit sich offenbaren.«
Hier fordert er uns auf, ihn nachzuahmen. Weil sein Heil und seine Gerechtigkeit im Kommen sind, sollen wir in unserem Tun und Reden ebenfalls Recht und Gerechtigkeit wahren. Und Gott stellt klar, daß alle, die das tun, zu ihm gehören – ob sie Israeliten sind oder Fremde, Volljuden oder »nur« Gottesfürchtige.
Gott unterscheidet also anders zwischen »drinnen« und »draußen«. Für ihn ist es nicht damit getan, daß man nur sagt: Ich glaube an Gott. Für ihn reicht es nicht aus, daß man meint: Ich bin ja beschnitten, ich bin ja getauft, also gehöre ich dazu und es kann mir nichts mehr passieren. Für Gott zählt, ob einer seinem Glauben auch im Leben Hand

und Fuß gibt. Für Gott zählt, daß ich von ihm das endgültige Recht und die vollkommene Gerechtigkeit erwarte – und deshalb versuche, mit meinen Möglichkeiten Gerechtigkeit und Recht zu verwirklichen. Das bleibt Stückwerk. Aber in den Augen Gottes zählt es mehr als großspurige Lippenbekenntnisse, hinter denen nichts steckt.
»Es gibt welche drinnen, die sind eigentlich draußen. Und es gibt welche draußen, die sind eigentlich drinnen.« Nicht der Schein zählt, sondern das Sein. Gebe Gott, daß vor ihm gilt, was nachher vor dem »Vaterunser« von uns gesagt wird: »Wir heißen Kinder Gottes *und wir sind es.*«.

21. Sonntag im Jahreskreis

Mt 16, 13–20

Wie oft fragen wir uns eigentlich, was andere Leute über uns denken! Wie oft richten wir uns in dem, was wir sagen, wie wir reden, wie wir uns verhalten oder uns anziehen, nach dem Urteil anderer Leute!
Schon Kinder bekommen das zu hören:
»Sei anständig! Was sollen denn die anderen Leute von uns denken!«
Ohne es richtig zu merken, fragen wir andauernd nach der Meinung der anderen Leute über uns. Und die anderen machen es genauso.
Die Parteien, die Zeitungen, die Werbung: alle sind sie interessiert an dem, was man über sie denkt und wie sie ankommen. Und deshalb beauftragen sie Meinungsforschungsinstitute damit, herauszufinden, was die Leute denken.
Hat Jesus das auch gemacht?
Schließlich fragt er ja: »Für wen halten die Leute mich?«
Ich glaube allerdings, daß es ihm nicht darauf angekommen ist, bei allen Leuten gut anzukommen und gut dazustehen. Ihm geht es nicht um die Mehrheit, sondern immer nur um den einzelnen. Und ihm geht es darum, daß der einzelne *Farbe bekennt.*
Zuerst die Jünger. Sie laufen nun schon so lange mit ihm, sie haben so viel gehört, gesehen und erlebt. Nun sollen sie einmal *Farbe bekennen.* Nun sollen sie einmal sagen, was sie eigentlich von Jesus halten.
Mit uns ist das nicht anders. Auch wir glauben schon lange. Auch wir laufen schon lange mit, sehen, hören, erleben. Auch an uns liegt es, *Farbe zu bekennen.* Wir werden nicht gefragt, was wir von Religion, von Glaube allgemein halten, was wir von diesem oder jenem Pfarrer oder Religionslehrer

denken. Wir werden gefragt, wer Jesus für uns ist, was er uns eigentlich bedeutet. Daran entscheidet sich unser Christsein zuallererst.
Das ist eine schwere Frage: »Für wen hältst du mich?«
Jahrzehntelang hieß »glauben« nur: Vorschriften befolgen, Katechismus auswendig lernen, in die Kirche gehen, seine Christenpflichten erfüllen.
Von einer Beziehung zu Jesus, gar von einer Freundschaft war überhaupt nicht oder nur selten die Rede.
Dabei ist es so wichtig, daß uns diese Frage gestellt wird und daß wir uns dieser Frage stellen: »Für wen hältst du mich? Wer bin ich für dich?« – und daß wir dann *Farbe bekennen.*
Und ich bin sicher: Wenn wir für uns eine Antwort finden, dann werden wir dadurch auch mehr über uns selbst erfahren.
So war es auch bei Petrus. Er sagt zu Jesus: »Du bist der Messias!« Und er erfährt von Jesus etwas über sich: »Du bist Petrus, der Fels!« Jesus sagt ihm damit: »Du hast eine Schlüsselposition. Du hast mein vollstes Vertrauen.«
An der Frage, wer Jesus für mich ist, entscheidet sich also auch ein ganzes Stück die Frage, wer ich eigentlich selber bin.
Gott hat für uns schon entschieden. In der Taufe hat er zu jedem von uns gesagt: »Du bist mein Sohn; du bist meine Tochter. Und ich bin für dich da.«
Weil Gott uns so ernst und wichtig nimmt, deswegen kann er uns in Jesus auch die umgekehrte Frage stellen: »Und du, für wen hältst du mich?«
Ein Freund, der vor kurzem zum Priester geweiht worden ist, hat auf seinem Primizbildchen eine Antwort gegeben, die mir gut gefällt:

Wer Jesus für mich ist? – Einer, der für mich ist.
Was ich von ihm halte? – Daß er mich hält.

22. Sonntag im Jahreskreis

Röm 12, 1–2

Es war einmal ein Pfarrer, der hatte einen sehr aufgeschlossenen Bibelkreis in seiner Gemeinde. Man las jede Woche einen der Schrifttexte vom kommenden Sonntag. Schon oft war es vorgekommen, daß durch das Gespräch über die Bibeltexte dem Pfarrer die Predigt fast in den Schoß gefallen war. Es war aber auch schon vorgekommen, daß er heimging und sich sagte: »Das, was wir heute abend erkannt haben, kann ich unmöglich am Sonntag vor so vielen Leuten in zehn Minuten sagen.«

So war es auch an diesem Abend.

Der Bibelkreis hatte jene zwei Verse aus dem Römerbrief gelesen, in denen vom wahren Gottesdienst die Rede ist und davon, daß sich ein Christ nicht der Welt anpassen soll. Obwohl es schon spät geworden war, setzte sich der Pfarrer zu Hause noch einmal an seinen Schreibtisch und überflog seine Notizen, die er sich im Verlauf des Bibelabends gemacht hatte.

»Ist dieser Text nicht eine ganz kurze Formel für das, was Christsein heißt?« hatte einer der Teilnehmer gefragt. »Da steht doch alles ganz genau da: Mit dem Erbarmen Gottes fängt unser Glaube an. Denn Gott schenkt uns die Kraft, daß wir uns ganz zu ihm hinwenden können und unser Leben auf ihn ausrichten.«

»Genau«, fiel ihm eine Hausfrau und Mutter von drei Kindern ins Wort. »Deswegen will er auch nicht irgend etwas als Opfer, sondern mich selber. Ganz und gar, mit Haut und Haaren sozusagen. Das erlebe ich Tag für Tag ja in der Familie auch. Die wollen nicht nur meine Arbeit, meine Kochkünste – nicht irgend etwas von mir. Mein Mann, meine Kinder – die möchten, daß *ich* für sie da bin. Und genauso stelle ich mir das bei Gott auch vor.«

Der Pfarrer erinnerte sich daran, daß er bei diesen Worten innerlich zusammengezuckt war. Diese Frau hatte genau das ausgedrückt, was Paulus wohl gemeint hatte. Gott will nicht Geld, Opfertiere oder sonst irgendwelche Dinge zum Opfer haben. All das sind nur Ausschnitte des Lebens, nur etwas, was mir gehört, was ich von mir gebe. Aber das bin nicht ich selbst. Wenn Gott aber der ist, der mir den Glauben geschenkt hat, der mit mir einen Bund geschlossen hat, dann darf er auch Hin-gabe von mir erwarten.
Der Pfarrer beugte sich wieder über seine Blätter. Wenig später gab es nämlich eine heiße Diskussion über den zweiten Vers. Sie hatten ihn so oft gelesen, daß er ihn noch auswendig wußte: »Gleicht euch nicht dieser Welt an, sondern wandelt euch und erneuert euer Denken, damit ihr prüfen und erkennen könnt, was der Wille Gottes ist; was ihm gefällt, was gut und vollkommen ist.«
Sie hatten festgestellt, daß für Paulus anscheinend Leben in der Welt und Leben als Christ zweierlei sind. Die Welt, weltliches Denken und weltliches Handeln sind für Paulus gottlos. Wer also zu Gott gehört, muß nach seinem Willen fragen und nicht nach dem, was die Welt, die Gesellschaft, die Leute für richtig halten.
»Für mich«, hatte der Pfarrer gesagt, »für mich ist das ein Satz, der in jeder Kirche über dem Ausgang stehen müßte. Wenn ich mir vorstelle, daß alle, die vom Gottesdienst wieder in die Welt und in den Alltag gehen, nach diesem Satz leben würden! Ich bin sicher, in unserer Gemeinde ginge es anders zu.«
»Dann gäbe es aber auch manches nicht, was wir in der Pfarrgemeinde anbieten«, sagte die Pfarrsekretärin. »Kochkurse, Wanderungen, Gymnastik und was weiß ich, das kann die Volkshochschule besser als wir. Aber mal ehrlich«, fuhr sie fort, »mit diesen Angeboten versuchen wir zwar, an die Leute heranzukommen – aber finden sie dadurch zu Jesus? Machen wir uns nicht selbst etwas vor, wenn wir meinen, die Leute würden automatisch gläubig,

wenn sie bloß im Pfarrheim sitzen? Ob Menschen kommen oder weggehen, ob sie Anstoß nehmen oder begeistert sind – dafür muß Jesus und sein Evangelium der Maßstab sein, und sonst nichts.«

Plötzlich herrschte betretenes Schweigen im Raum, weil alle spürten, daß das stimmte. »Gleicht euch nicht dieser Welt an ...«

Endlich brach einer das Schweigen. Es war ein Mann, der im Pfarrgemeinderat war. »Ich denke bei diesem Satz auch an unsere Sitzungen«, sagte er. »Ich habe mich schon oft gefragt, was eigentlich unseren Pfarrgemeinderat vom Gemeinderat unterscheidet. Ich spüre bei unseren Zusammenkünften auch nichts davon, daß wir uns nicht der Welt angleichen oder daß wir danach fragen, was der Wille Gottes ist. Wir fragen doch auch nur danach, wie wir möglichst viele Leute ansprechen können. Vielleicht ist gerade das falsch.«

Wieder Schweigen. Dann sagte der Pfarrer: »Damit sprechen Sie mir aus der Seele. Ich glaube, solange wir meinen, wir müßten alle ansprechen, passen wir uns an. Wir verwässern unser Evangelium, weil wir nur das verkünden, was die Mehrheit hören will. Und damit tun wir genau das, wovor Paulus uns warnt: Wir gleichen uns der Welt an.«

Damit war auf einmal das Thema auf dem Tisch. Ein Plakatkarton wurde an die Wand gehängt, und darauf stand als Überschrift:

»Wo haben wir Christen uns der Welt angeglichen?«

Darunter standen viele, viele Beispiele:

- Unsere Kirche ist nur noch ein Dienstleistungsbetrieb. Unsere Angebote sollen die Nachfrage stärken.
- Für viele Leute heißt »Christ sein« soviel wie: »ein anständiger Mensch sein«. Das ist zuwenig. Jesus ist unser Erlöser, nicht nur das Vorbild einer bestimmten Moral. Sind Christen deshalb so oft Moralapostel und so selten Apostel?

- Unser Glaube ist zu verwässert. Wir haben nur noch die bequemen Sätze aus dem Evangelium übriggelassen, damit möglichst viele zu uns kommen. Die Forderungen haben wir stillschweigend gestrichen.
- Daran, daß man Christ ist, erinnert man sich nur noch in Extremfällen, vor allem bei Sterben und Tod. Bei Beerdigungen ist die Kirche voll, und manche gehen nur zur Kirche, wenn für verstorbene Angehörige eine Messe bestellt ist. Ist Christentum inzwischen eine Religion für Tote und nicht mehr für Lebende?
- Was ist denn das, was Christen von der Welt, von den anderen unterscheidet? Doch wohl die Freundschaft mit Jesus Christus – oder etwa nicht?

All das las der Pfarrer noch einmal durch, und je mehr er nachdachte, desto niedergeschlagener wurde er.
Wenn man mit diesen zwei Sätzen wirklich Ernst machen würde, dann hätte das ungeheuerliche Konsequenzen. Auf ihn selbst bezogen hieße das: Er müßte das Evangelium wieder eindeutiger verkünden, mit Zuspruch *und* Anspruch. Das würde manchem sicher gar nicht gefallen, und vielleicht würden etliche wegbleiben oder sogar aus der Kirche austreten. Die Gemeinden würden schrumpfen, und das wiederum würde der Kirchenleitung nicht gefallen. Denn weniger Mitglieder bedeuten weniger Kirchensteuern. Aber kann das der Wille Gottes sein, daß die Kirche zwar möglichst viele zahlende Miglieder hat, aber nur wenig wirklich Gläubige? Kann es im Sinne Jesu sein, daß man sich an der Mehrheit orientiert und nicht an dem, was Gott will? Dafür hätte Jesus nicht am Kreuz sterben müssen. Doch durch seinen Tod hat er ja gezeigt, daß es nicht nach dem geht, was die Leute wollen, sondern nach dem, was Gott will. Selbst dem Petrus hat er das sagen müssen: »Weg mit dir, Satan! Du willst mich in Versuchung führen, denn du denkst nicht, was Gott will, sondern was die Menschen wollen!« Jesus war entschieden, eindeutig und klar in der Sache. Gott

will den ganzen Menschen, weil auch Gott ganz für den Menschen da ist. Halbe Sachen gibt es da nicht. Für Jesus gibt es nur das Entweder–oder. Entweder sich nach der Welt orientieren oder nach dem Willen Gottes. Aber für uns, dachte der Pfarrer, für uns gilt oft nicht entweder – oder. Wir sagen meistens ja – aber. Ja, natürlich ist der Wille Gottes für uns wichtig. Aber er wird schon das wollen, was wir auch wollen. Und dann machen wir das, was die Leute von uns erwarten, damit wir unsere Ruhe haben und die Leute ihre Ruhe haben und alles so bleiben kann, wie es ist.
Müde fuhr sich der Pfarrer über die Augen. Ob er das am Sonntag in der Predigt sagen könnte? – Er wußte es nicht. Nötig wäre es, dachte er. Und bevor er zu Bett ging, nahm er noch einmal den Schrifttext des kommenden Sonntags und las ihn andächtig durch. Und in dieser Nacht träumte er von einer Kirche, in der alle Gläubigen danach strebten, sich nicht der Welt anzugleichen, sondern ihr Denken zu erneuern und nach dem Willen Gottes zu fragen. Es war ein schöner Traum.

23. Sonntag im Jahreskreis

Mt 18, 15–20

Der letzte Satz dieses Evangeliums ist mein Primizspruch. Ich möchte Ihnen zunächst erzählen, wie es dazu gekommen ist, daß ich gerade diesen Satz als Leitwort ausgewählt habe.

Als Praktikant in meiner ersten Pfarrei sollte ich die Schülergottesdienste halten. Das erstemal kam ein einziges Kind. Das zweitemal kamen zwei oder drei Kinder. Dabei hatte ich mit wesentlich mehr Beteiligung gerechnet. Ich war so enttäuscht, daß ich die Kinder wieder heimgeschickt habe. Aber später habe ich Gewissensbisse bekommen. Ich habe gespürt, daß das nicht richtig war, daß ich genauso mit den zwei oder drei Kindern hätte beten und singen können. Da habe ich mir vorgenommen: Das machst du nie mehr. Und so habe ich ganz bewußt diesen Spruch als Primizspruch, als Leitwort, ausgewählt.

Damals habe ich gelernt, daß das Schielen nach Zahlen gefährlich ist. Unsere Sprache verrät uns, daß wir das viel zu oft tun. Im kirchlichen Bereich haben wir uns häufig eine Sprache angewöhnt, die mich an die Werbung erinnert:

Wir müssen ankommen. Wir müssen viele erreichen und ansprechen. Wir müssen unsere Sache an den Mann bringen. Wir müssen uns gut verkaufen ...

Ich sehe die Gefahr, daß auf die Dauer ein falscher Eindruck entsteht: Als Christ gilt man nur in der Masse etwas. Heißt denn nicht die erste Frage immer gleich: »Wie viele waren denn da?« – »Ach, nur ein paar Hanseln«, lautet dann enttäuscht die Antwort, »nur die paar üblichen, die immer kommen.«

Ich glaube heute, daß so ein Denken ganz und gar verkehrt ist. Ich glaube, daß für Gott der und die einzelne wichtig sind.

Drei Beispiele:

- Gott fängt mit einem einzelnen an: mit Abraham. Mit ihm hat er etwas vor. Ihn will er zu einem großen Volk machen. Aus ihm soll etwas werden. Darum schließt er mit ihm einen Bund. Darum heißt er fortan der »Gott Abrahams«.
- Gott erwählt sich nicht das größte Volk, sondern eines der kleinsten Völker. Eines, das in Gefangenschaft ist. Aus diesem Volk soll noch etwas werden.
- Und schließlich setzt Jesus diese Tradition fort. Er fängt mit einer Handvoll Leute an, mit zwölf Männern, die er zu Aposteln auswählt, mit ein paar Frauen und Sympathisanten. Aber aus ihnen soll noch etwas werden.

Diese Haltung spürt man aus vielen seiner Worte heraus: wenn er vom Salz der Erde und vom Licht der Welt redet, vom Senfkorn und vom Sauerteig ...

Jesus ist überzeugt davon, daß ein kleiner Anfang einmal eine große Wirkung haben wird. Er ist überzeugt davon, daß aus wenig einmal viel werden wird.

Ich habe mich damals mühsam zu diesem Glauben durchringen müssen, als meine ersten Schülergottesdienste so schwach besucht waren. Aber ich habe weitergemacht. Und es kamen nach und nach immer mehr Kinder. Bald darauf fanden sich Mütter zu einem Team zusammen, das diese Gottesdienste gemeinsam vorbereitete – und bis heute ist der Schülergottesdienst in dieser Gemeinde lebendig geblieben.

Wegen dieser Erfahrung glaube ich, daß wir keine Angst zu haben brauchen, wenn die Zahl klein erscheint. Gott kommt es auf den einzelnen an. Und wenn Jesus sagt: »Wo zwei oder drei *in meinem Namen* versammelt sind ...«, dann kommt es ihm auf die *Qualität* der Begegnung an, nicht auf die *Quantität*.

Das stellt mich vor die Frage, ob wir das auch immer so halten. Schauen wir, wenn wir uns begegnen oder Veranstaltungen abhalten, nur auf die Zahl und warten wir nur auf die große Masse? Geht es uns nur um das *Wieviel* oder vor allem um das *Wie?*

Wie begegnen wir einander? Wird dabei etwas von Gemeinde und von Christuszugehörigkeit sichtbar? Wollen wir unser Christsein wirklich leben? – Dann zählt der einzelne Mensch! Wollen wir aber nur christlich verbrämte Vereinsangebote machen, nur eine fromme Veranstaltung »verkaufen«, dann zählt natürlich nur die Masse.

»Wo zwei oder drei in meinem Namen versammelt sind, da bin ich mitten unter ihnen.« Dieser Satz ist mir sehr wichtig geworden. Und dazu ein anderer Satz, den Meister Eckhart, ein Theologe des Mittelalters, geprägt hat:

»Immer ist die wichtigste Stunde die gegenwärtige. Immer ist der wichtigste Mensch der, der dir gerade gegenübersteht. Und immer ist die wichtigste Tat die Liebe.«

24. Sonntag im Jahreskreis

Mt 18,21–35

Mir ist es immer sympathisch, wenn im Evangelium die Jünger Jesus etwas fragen, was auch mich beschäftigt. Und heute ist es Petrus, dem eine Frage auf den Nägeln brennt.
Ich kann mir gut vorstellen, daß er zum x-ten Mal mit einem anderen Streit gehabt hat oder gekränkt worden ist, und jetzt reicht es ihm. Deshalb fragt er Jesus: »Wie oft muß ich eigentlich meinem Bruder vergeben? Siebenmal?«
Ich kann mich da gut wiederfinden. Ich denke mir auch oft: Jetzt reicht's aber. Jetzt ist meine Geduld am Ende. Das Maß ist voll. Ich hab's oft genug probiert, aber der andere ändert sich ja doch nicht.
Jesus antwortet dem Petrus nicht direkt. Er erzählt ein Gleichnis, das jedem einleuchtet. Der König ist Gott – und der Diener kann jeder von uns sein. Jeder von uns brächte so eine Riesenschuld zusammen. Damit will Jesus sagen:
Vor Gott steht eigentlich jeder so in der Kreide wie dieser Diener. Umgerechnet 40 Millionen Mark ist er schuldig. Das kann er nie im Leben bezahlen, selbst wenn er noch so ehrlich beteuert, daß er alles zurückzahlen will, wenn der König nur Erbarmen mit ihm hat.
Und nun kommt die erste Überraschung.
Der König ist so großzügig, daß ihm anscheinend schon der ehrliche Wunsch genügt, daß einer alles wiedergutmachen will. Der Wille zur Umkehr, die Reue, reicht schon aus, daß er ihm alles, seine gesamte Schuld, erläßt.
Nun wäre ja eigentlich zu erwarten, daß der Diener vor lauter Freude darüber auch seinem Kollegen vergibt und ihm die Schuld erläßt. Aber nein – und das ist die zweite Überraschung:
Kaum ist er draußen, hat er anscheinend vergessen, was ihm gerade geschenkt worden ist. Er tut genau das Gegen-

teil von dem, was er eigentlich sollte: Er pocht auf sein Recht. Er läßt nicht locker.

Aber nachdem er sich selber so unbarmherzig zeigt, kennt auch der König kein Erbarmen mehr. – Und die »Moral von der Geschicht'«?

1. Jesus sagt uns, daß Gott von sich aus gut ist. So gut, daß es kaum zu glauben ist. Er vergibt auch die größte Schuld. So wie es ein Psalm sagt: »Würdest du, Herr, unsere Sünden beachten – Herr, wer könnte vor dir bestehen? Doch bei dir ist die Huld, bei dir ist Vergebung in Fülle!«

2. Vergebung beruht auf Gegenseitigkeit. Ich kann nicht für mich etwas in Anspruch nehmen oder erwarten, was ich anderen nicht gewähren will. Deshalb beten wir ja auch im Vaterunser: »Vergib uns unsere Schuld, wie auch *wir vergeben unsern Schuldigern.*«

3. Es ist wichtig, sich immer wieder daran zu erinnern, daß Gott uns zuerst vergibt – und zwar ohne Vorleistungen. Wir brauchen uns seine Vergebung nicht zu verdienen, wir brauchen nur ehrlich darum zu bitten. Aber dann sollen wir auch genauso handeln.

Darum ist es gut, wenn wir uns das immer wieder sagen lassen, daß Gott uns vergibt. Und wo geschieht das deutlicher als in der Beichte? Dort wird uns auf den Kopf zugesagt: »Deine Sünden sind dir vergeben.«

Nirgends können wir das intensiver erfahren. Wir müssen nur wollen. Ich meine, daß gerade das Bußsakrament die beste Voraussetzung dafür ist, so handeln zu lernen, wie Jesus es meint. Hier wird mir meine Schuld vergeben, und so soll ich fähig und bereit werden, auch anderen zu vergeben. Nicht nur siebenmal, sondern siebenundsiebzigmal. Das heißt immer. Weil Gott auch nicht irgendwann einmal sagt: »So, jetzt reicht's aber. Jetzt ist Schluß.« Sondern weil Gott auch vergibt. Immer.

25. Sonntag im Jahreskreis

Mt 20, 1–16 a

Wenn uns jemand fragt, was wir unter Gerechtigkeit verstehen, dann würden wir wahrscheinlich sagen: Gerecht ist, wenn jeder kriegt, was er verdient. Wenn das Verhältnis von Leistung und Lohn ausgeglichen ist.

Das heutige Evangelium sagt uns: Gott ist gerecht. Aber das scheint mir schon einige Schwierigkeiten zu machen.

Das ist vielleicht eine schöne Gerechtigkeit! sagen diejenigen, die von früh bis spät geschuftet haben und dasselbe kriegen wie die anderen, die erst eine Stunde vor Feierabend angefangen haben.

Das ist vielleicht eine schöne Gerechtigkeit! sagen vielleicht auch die Christen, die meinen, man müßte sich bei Gott alles verdienen: durch Opfer, Gebet und Kirchgang gewissermaßen Gott gnädig stimmen.

Schön dumm, wenn er so etwas macht. Aber schließlich ist es ja sein Geld! sagen vielleicht diejenigen, die nur eine Stunde gearbeitet haben.

Schön dumm! sagen vielleicht auch andere unter uns. Dann brauchen wir uns ja überhaupt nicht mehr anzustrengen. Wenn am Ende doch alle dasselbe kriegen – wozu soll ich dann Nachteile in Kauf nehmen ...?

Ist nicht das eine genauso falsch wie das andere? Die einen meinen: »Gott ist so streng, daß man sich bei ihm immer alles verdienen muß.« Die anderen sagen: »Gott ist ja so großzügig, daß er einem sowieso alles nachwirft.«

Aber es bleibt die Frage: Warum sollen wir uns dann anstrengen und schon früh um sechs in den Weinberg gehen?

Ich kann nur sagen: weil Gott Arbeiter für seinen Weinberg braucht. Wir sind nötig, um die Welt nach seinem Willen mitzugestalten. Dabei ist jeder wichtig, ob er viel oder weniger arbeitet. Ich weiß auch nicht, welche Gründe Gott hat,

daß er die einen von uns schon früh um sechs Uhr anwirbt und die anderen erst abends um fünf.
Im Evangelium jedenfalls ist nicht davon die Rede, daß die anderen Drückeberger gewesen seien. Es heißt, sie hätten keine Arbeit gefunden. Und es ist ja auch nicht so, daß Gott jedem dasselbe gibt: arbeiten muß man. Es steht nichts davon da, daß auch die einen Denar gekriegt haben, die gar nichts gearbeitet haben.
Trotzdem fällt es uns immer noch schwer, dieses Verhalten Gottes *gerecht* zu nennen. Unser Denken sträubt sich einfach dagegen. Schauen wir noch einmal in den Text.
Gott sagt: »Ich will dir geben, *was recht ist.*« Was recht ist – das war damals der angemessene Lohn für einen Tagelöhner, nämlich ein Denar. So viel war nötig, damit ein Tagelöhner sich und seine Familie einen Tag lang ernähren und versorgen konnte. Also hat jeder für diesen Tag bekommen, was er nötig hatte. Jeder war darauf angewiesen, einen Herrn, einen Arbeitgeber zu finden, der ihm den gerechten Lohn für seine Arbeit auszahlte.
Und Gott *gibt* jedem, was er nötig hat. Bei ihm zählt nicht die Leistung allein, sondern der ganze Mensch. Von der Leistung her hätten freilich nicht alle einen Denar verdient. Aber als Menschen haben sie einen Anspruch auf *Leben* und auf *Lebensunterhalt.* Vor diesem Hintergrund sagt uns das Evangelium: Gott ist gütig und gerecht, weil er das Leben für den Menschen will.
Nun könnte noch ein letzter Einwand kommen:
Daß Gott sich so verhält wie dieser Weinbergsbesitzer – das kann er aber nur einmal machen, sonst tut ja keiner mehr was. Sonst kommen morgen alle erst abends um fünf.
Das ist richtig. Gott macht das nur einmal: bei der großen Endabrechnung am Ende unseres Lebens. Da wird der Lohn ausbezahlt. Und da gibt es kein Weniger oder Mehr. Da gibt es nur ewiges Leben oder den Tod. Und wem das immer noch ungerecht erscheint, der muß sich von Gott fragen lassen: »Bist du etwa neidisch, weil ich gütig bin?«

26. Sonntag im Jahreskreis

Mt 21,28–32

Jeder von uns hat das schon erlebt: Man hat mit jemandem etwas ausgemacht und wurde sitzengelassen. Einer hat versprochen, sich um etwas zu kümmern – und dann war doch nichts getan. Jemand ist verantwortlich für eine Aufgabe und erweist sich als verantwortungslos. Jeder von uns weiß, wie ärgerlich und enttäuschend das ist.
Dennoch möchten wir uns gern auf andere verlassen, und wir tun es auch immer wieder. Denn gewöhnlich gehen wir doch davon aus, daß einer auch tut, was er sagt, daß einer auch hält, was er verspricht.
So geht es Gott auch, sagt Jesus. Gott nimmt beim Wort – auch auf die Gefahr hin, enttäuscht und sitzengelassen zu werden wie vom ersten Sohn.
Denn der hat nur mit Worten den Willen des Vaters erfüllt. Getan hat er nichts. Der zweite dagegen weigert sich offen. Er hat keine Lust, er will nicht – und er sagt das auch. Später dann regt sich sein schlechtes Gewissen. Es reut ihn und er geht doch, um seine Aufgabe zu erfüllen. Um beides geht es Jesus in diesem Gleichnis: um die Enttäuschung durch leere Versprechungen und um die Aufgabe, die dadurch liegenbleibt. Beides soll nicht sein.
Was aber ist die Aufgabe – und was ist *unsere* Aufgabe? »Geh und arbeite heute im Weinberg!« steht da.
Der Weinberg Gottes, das ist die Welt. Da hat jeder seinen Arbeitsplatz und seine Aufgabe. Mir fällt das Wort »Tagwerk« ein: das Stück Land, das ich an einem Tag beackern kann. Darum geht es, nicht um mehr – aber auch nicht um weniger. Jeder von uns soll Tag für Tag sein »Tagwerk« tun. Da fordert Gott eigentlich nichts Besonderes von uns. Aber das reicht schon. Und wer selbst Weinberge, Äcker oder auch nur einen Garten hat, weiß, daß oft schon ein einziger

Tag über die Arbeit eines ganzen Jahres entscheiden kann. Einen Tag vertrödelt – und alles kann »futsch« sein. Einen Tag lang zugepackt – und alles ist unter Dach und Fach. »Geh und arbeite heute im Weinberg!« – das heißt also: Tu heute das, was auf dich zukommt. Und tu es mit ganzem Herzen und gewissenhaft. Denn all das ist Gottes Wille. Der Ort, wo ich lebe und arbeite, die Menschen, die mir über den Weg laufen – all das ist mir von Gott gegeben. Das kann ein Geschenk sein. Das kann aber auch eine Zumutung sein. Auf alle Fälle aber ist es Gottes Wille, daß wir uns dabei bewähren.
Fragen wir eigentlich bei unseren täglichen Pflichten und Sorgen danach, was das mit Gott zu tun hat, was er uns damit sagen will?
Wir beten jeden Tag: »Dein Wille geschehe!« Das kommt sehr leicht über die Lippen. Vielleicht liegt das daran, daß wir meinen, Gottes Wille wird schon so ungefähr dasselbe sein wie das, was wir auch wollen. Dann beten wir zwar: »Dein Wille geschehe«, aber wir meinen dabei: »Mein Wille geschehe.« Und so handeln wir, wie *wir* wollen. Wir tun das, was der erste Sohn im Gleichnis macht. Wir sagen »ja, ja«. Aber wir gehen nicht an die Aufgabe heran, die Gott uns aufgibt.
Gottes Wille aber verlangt Aufmerksamkeit, ein hörendes Herz, ein waches Gewissen. Das hat sich bei dem zweiten Sohn geregt. Zuerst hat er aufbegehrt, hat als Zumutung empfunden, was da von ihm verlangt wird. Aber dann hat er es doch getan.
Gottes Wille verlangt Gehorsam und Treue im kleinen. Dann wird unser Tun in der Welt zum Gottes-Dienst, und unser Gottesdienst wird zum Dienst an der Welt. Wir können alles auf Gott hin befragen. Das halte ich für die wichtigste geistliche Aufgabe: zu spüren und zu horchen auf das, was Gott mir durch die alltäglichen Dinge und Begebenheiten sagen will. Dann wird sich auch die Lücke schließen, die so oft zwischen Werktag und Sonntag klafft. Denn dann

lernen wir, daß alles, was sich in uns und um uns tut, mit Gott zu tun hat.
Das lehren auch große Heilige. Der heilige Franz von Sales z. B. schreibt einmal:

Es gibt viele Menschen, die zu unserem Herrn sagen: Ich schenke mich dir ganz und will nichts für mich zurückbehalten. Aber es gibt sehr wenige, die diese Hingabe verwirklichen ... Weltliche Vorstellungen mengen und mischen sich tagtäglich in unsere Gedanken. Im Haus eines Fürsten gilt ein Küchenjunge nicht soviel wie ein Kammerherr, aber im Haus Gottes sind die, die spülen, oft die Ranghöchsten, denn selbst wenn sie sich schmutzig machen, geschieht es um der Gottesliebe willen.

(Text aus: Franz von Sales: »Feuer und Tau. Texte zum Nachdenken«, Freiburg 1986, S. 23 und 27)

27. Sonntag im Jahreskreis

Jes 5, 1–7; Mt 21, 33–43

Zuerst habe ich ja geschluckt, als ich diese Texte gelesen habe. Gilt das, was hier gesagt wird, auch von dir, habe ich mich gefragt. – Gut, man wird dich heutzutage nicht prügeln oder steinigen oder umbringen. Aber wenn man dir Knüppel zwischen die Beine wirft, wenn du Steine in den Weg gelegt bekommst, wenn du fertiggemacht wirst – dann sind das ja auch keine schönen Aussichten.

Aber dann habe ich die Texte ein wenig genauer unter die Lupe genommen und habe schmunzeln können. Halt, halt! Nimm dich mal nicht so wichtig und schau erst mal, wo du selber wirklich in diesem Gleichnis vorkommst! Denn schließlich sind es ja die Propheten und Jesus, denen es so schlimm ergangen ist. Also maße dir nicht an, dich so einfach in diese Reihe zu stellen.

Da habe ich gemerkt, daß ich allenfalls einer der Winzer bin. Ein Pächter in Gottes Weinberg. Und wenn ich mich in dieser Rolle sehe, dann klingen die beiden Texte schon ganz anders.

1. Ganz wichtig ist da vorweg die Tatsache: *Gott* hat seine Weinberge angelegt. Mit Israel hat er begonnen, mit seiner Kirche hat er weitergepflanzt. Überall auf der Welt finden wir Gottes Weinberge, aufgeteilt in größere Winzergenossenschaften (wir sagen Bistümer) und in kleinere Weinlagen (wir nennen sie Pfarreien). Gott hat alles getan, was getan werden muß: Er hat umgegraben, die Steine entfernt und den Boden mit edelsten Reben bepflanzt.

Für mich heißt das: Gott hat schon längst seine ganz persönliche Geschichte und seine Erfahrungen mit jedem Weinberg, mit jeder Gemeinde, mit jedem einzelnen. Er kennt jeden Weinstock und jede Rebe. Darum glaube ich, daß es uns als Gemeinde guttut, wenn wir uns so sehen dürfen. Wir sind Gottes Weinberg. Wir sind edelste Reben! Darum ist es auch unsere Aufgabe, die Geschichte Gottes mit uns, seiner Pfarrei, stets wachzuhalten und daran zu erinnern.

2. Denn sonst kann es passieren, wie es weiter geschildert wird: Es läuft nicht so, wie Gott will und wie er es sich vorgestellt hat. Der Weinberg verweigert sich. Er bringt keine süßen Trauben hervor, sondern nur saure Beeren.

Vielleicht ist das auch eine Frage wert, wo wir uns selbst Gott gegenüber verweigern? Wo machen wir (uns) das Leben sauer und bitter, anstatt es (uns) zu versüßen?

3. Jesus erweitert schließlich mit seinem Gleichnis das Bild vom Weinberg noch um einen weiteren Akzent. »Es kann auch so sein«, sagt er, »daß der Weinberg an sich gut ist – aber die Winzer beuten ihn für sich aus.« – Damals hat Jesus die religiösen Führer damit gemeint. Und heute meint er damit vielleicht uns, die Pfarrer und die Hauptamtlichen der Gemeinde. Deswegen hält mir dieses Evangelium heute einen kritischen Spiegel vor und fragt mich, ob ich mir wirklich immer bewußt bin, daß ich nicht Herr, sondern nur Verwalter bin; nicht Besitzer, sondern nur Pächter; daß die Früchte Gott gehören und nicht mir persönlich.

Als ich hier Pfarrer geworden bin, hat es in der Verlesung der Urkunde ausdrücklich geheißen, daß der Bischof mir diese Pfarrei »verleiht«. Das heißt, sie gehört mir nicht. Sie gehört auch dem Bischof nicht. Sie gehört Gott. Darum möchte ich auch nicht als Pfarr-Herr, sondern als Pfarrer hier wirken, als Winzer, als Verwalter.

4. Um im Bild zu bleiben: Ich will immer wieder dafür sorgen, daß etwas wächst, und danach sehen, was schon alles gewachsen ist. Ich will dafür sorgen, daß die guten und alten Weinstöcke die richtige Pflege bekommen; ich werde immer wieder neue und junge Weinstöcke setzen dürfen – aber das ist eine Aufgabe, die Geduld erfordert. Ich werde aufpassen müssen, daß Schädlinge keine Chance haben, daß keine frostige Atmosphäre und keine allzu heftigen Ge-

witter das Wachstum beeinträchtigen. Vor allem aber sehe ich meine Aufgabe darin, dafür zu sorgen, daß die Früchte abgeliefert werden; daß die vielen Fähigkeiten und Begabungen, die es in unserer Gemeinde gibt, nicht verkümmern oder für sich behalten, sondern in den Dienst der Gemeinde gestellt werden.

Und letztendlich ist es meine Pflicht, bei uns das Bewußtsein dafür wachzuhalten, daß Gemeinde nicht Selbstzweck ist, sondern Gottes Volk: daß wir Gott gehören, für ihn da sind und in seinem Sinne wachsen und Frucht bringen sollen.

28. Sonntag im Jahreskreis

Mt 22, 1–4

Stellen Sie sich einmal vor, Sie feiern Hochzeit, einen Geburtstag oder ein Jubiläum. Sie laden alle möglichen Leute ein – und alle entschuldigen sich mit fadenscheinigen Ausreden. Jeder von uns wäre enttäuscht, verärgert, zornig oder traurig. Jeder würde denken: Was bin ich den anderen eigentlich wert, wenn sie nicht einmal zu so einem Fest Zeit für mich haben?

Genauso geht es dem König in diesem Gleichnis. Er lädt zur Hochzeit seines Sohnes ein, und keiner kommt. Ich frage mich wirklich, weshalb keiner auf diese Hochzeit geht. Sonst ist doch ein Fest wie eine Hochzeit etwas, worauf man sich schon lange im voraus freut.

Und ich staune über den Vergleich, den Jesus mit diesem Gleichnis zieht: Das Leben bei Gott wird sein wie ein riesiges Fest, wie eine nicht endende Hochzeit. Das sind doch wunderbare Aussichten. Unser Gott ist ein Gott, der gern Feste feiert, bei dem es fröhlich zugeht. Unser Gott ist ein Gott, der gern Gäste hat und sich über jeden freut, der seine Einladung annimmt. Ich kann mir nur denken: Wer diese Einladung Gottes nicht annimmt, wer nicht hingeht, ist selber schuld. Dem entgeht etwas. Wer nicht hingeht, straft sich eigentlich schon selbst genug. Aber trotzdem verstehe ich, daß dem Gastgeber einmal der Geduldsfaden reißt, wenn er dauernd und von allen sitzengelassen wird.

Dieses Bild vom Hochzeitsmahl paßt aber nicht nur auf das ewige Leben. Es spricht ja vom Reich Gottes. Und das Reich Gottes hat seit Jesus begonnen und ist auch in unserer Zeit und in unserem Leben da. Nicht vollkommen, aber anfanghaft.

Gott will auch in diesem Leben schon mit uns Feste feiern. Er will uns auch jetzt schon immer wieder aus unserem Alltagstrott herausreißen. Ein Fest ist ja etwas, was den Alltag durchbricht, ein Höhepunkt im Leben. Ein Fest wird vorbereitet: Wir kennen die großen Vorbereitungszeiten der Advents- und Fastenzeit. Wir kennen die kleinen Festvorbereitungen in der Familie: Hausputz, Badetag, die Frau geht zum Friseur, der Mann rasiert sich ein zweites Mal, die besten Kleider werden zurechtgelegt ...

Durch all diese Vorbereitungen wird deutlich, daß so ein Fest etwas Besonderes ist. Und das ist wichtig.

Denn das Gleichnis sagt uns, daß man zu dem Fest Gottes nicht einfach so unvorbereitet gehen kann. Der Mann ohne hochzeitliches Gewand wird hinausgeworfen. Vielleicht hat er »Fest« mit »Party« verwechselt?

Aber ich denke, Festvorbereitung ist nicht nur eine Kleiderfrage. Es geht vielmehr um eine Haltung. Um die Haltung des Glaubens und der Liebe. Es geht um die Einstellung, mit der ich zu diesem Fest komme: ob mir der Gastgeber und die anderen Gäste wirklich wichtig sind, ob ich aktiv mitfeiern will oder ob ich nur zuschauen will, ob ich mich einbringe oder nur auf Kosten anderer konsumieren will.

Mir fällt dazu ein Spruch ein: »Unsere Seele muß, wenn sie nicht verkommen will, jeden Tag ihre Wäsche wechseln.« – Das ist gemeint.

Und so sagt mir das Gleichnis für mein Leben zweierlei:

1. Gott lädt immer wieder ein, Feste zu feiern und den Alltag sein zu lassen. Er lädt mich ein, zu ihm zu kommen: in die Stille, in die Sammlung und ins Gebet, in den Gottesdienst. All das unterbricht meinen Alltag und läßt mich Abstand gewinnen von den Dingen. So kann ich aufatmen und aufleben.

2. Wenn ich diese Einladung Gottes annehme, dann bin ich schon auf dem richtigen Weg. Aber dazu gehört auch, daß ich mit meinem »hochzeitlichen Gewand« komme, daß meine Seele immer wieder ihre Wäsche wechselt. Sonst kann ich selbst nicht mitfeiern, weil ich selbst unvorbereitet bin und die anderen störe.

Sie merken schon: Unser Gottesdienst kann jetzt schon ein Abbild dieses himmlischen Hochzeitsmahles sein. Wir sind gekommen und der Einladung Gottes gefolgt. Uns ist der Gottesdienst jetzt wichtiger als alles andere. Haben wir auch ein hochzeitliches Gewand an? Sind wir richtig eingestellt? – Noch ist es Zeit, die Wäsche zu wechseln.

29. Sonntag im Jahreskreis

Jes 45, 1. 4–6

Diese Predigt ist nicht mehr top-aktuell. Aber sie ist ein Beispiel dafür, wie erstaunlich nah politisches Tagesgeschehen und biblische Botschaft oft beieinander liegen. Deswegen steht sie hier – als Anregung, auch selber »mit der Zeitung in der einen und der Bibel in der anderen Hand« (Karl Barth) zu verkündigen.
Vorspann zur Lesung:

Die folgende Lesung führt uns zunächst zurück ins 5. Jahrhundert vor Christus. Schon mehrere Jahrzehnte sind die Juden in der Gefangenschaft der Babylonier. Anfangs hatten sie noch gehofft, bald wieder heimzukehren. Aber jetzt, nach 40 oder 50 Jahren, breitet sich Hoffnungslosigkeit aus unter den Älteren, die noch am Leben sind. Die Jüngeren, die in der Gefangenschaft zur Welt gekommen sind und ihre Heimat gar nicht kennen, haben sich an dieses Leben gewöhnt, haben sich angepaßt oder damit abgefunden.
Die Hoffnung und der Glaube daran, daß Gott sein Volk wieder heimführen und groß machen wird, ist am Absterben.
In diese Situation hinein tritt der Prophet Jesaja. Er hält die Hoffnung wach. Er macht den Gefangenen Mut. Sein Wort bezieht sich auf den persischen König Kyros. In der Gefangenschaft hört Jesaja davon, daß dieser König schon ganz Kleinasien erobert hat und nun auch die Unterwerfung Babylons plant. Von seinem Sieg erwartet sich Jesaja auch die Befreiung seines Volkes. Und das deutet er als Tag Gottes. Deswegen nennt er Kyros auch den *Gesalbten*, den *Messias*.

(An dieser Stelle die Lesung vortragen lassen)

Diese Worte sind, wie gesagt, fast 2500 Jahre alt. Aber mir selber klingen sie sehr aktuell. Unwillkürlich drängt sich mir der Vergleich mit unserer Gegenwart auf. In der vergangenen Woche hat der sowjetische Staatschef Michail Gorbatschow den Friedensnobelpreis erhalten. Seiner Politik ist es zu verdanken, daß Deutschland geeint ist, daß viele Länder im Osten Europas neue Wege in Frieden, Freiheit und Selbstbestimmung wagen können.

Es ist vielleicht ungewohnt für uns, ein so altes Prophetenwort in die Gegenwart zu versetzen. Es ist ungewohnt, eine Prophezeiung, die sich auf einen ganz bestimmten Menschen bezogen hat, auf einen anderen Menschen zu übertragen. Aber wenn wir glauben, daß Gottes Wort die Zeiten überdauert und heute noch gilt, dann dürfen wir es. Dann dürfen wir glauben, daß Gott zu dem gegenwärtigen Friedensnobelpreisträger auch so spricht:

»So spricht der Herr zu Michail Gorbatschow, seinem Gesalbten, den er an der rechten Hand gefaßt hat, um Einfluß auf die Völker zu bekommen, um die Staatsmänner mit Argumenten zu entwaffnen, um der Perestroika Tür und Tor zu öffnen: Um meines Volkes, um meiner Kinder in vielen Ländern willen, habe ich dich bei deinem Namen gerufen, ich habe deinem Namen einen guten Klang gegeben, ohne daß du mich kanntest. Ich bin der Herr, und sonst niemand. Außer mir gibt es keinen Gott. Ich habe dich an die Spitze gesetzt, ohne daß du mich kanntest, damit man vom Aufgang der Sonne bis zu ihrem Untergang erkennt, daß es außer mir keinen Gott gibt. Ich bin der Herr, und sonst niemand.«

Damals wie heute spricht aus diesen Worten die Überzeugung, daß Gott Menschen in seinen Dienst nimmt (und auch braucht), um seine Ziele zu erreichen. Sogar Menschen, die Gott nicht kennen und nicht an ihn glauben, kann Gott für seine Ziele einspannen. Und er braucht andere Menschen, z. B. Propheten wie Jesaja, die den Leuten erklären und deuten, daß da mehr geschieht als Politik: daß da Gott mit seinen Menschen Geschichte macht.

Ob Gorbatschow das erkennt, weiß ich nicht. Er selber

würde sicherlich abstreiten, im Namen Gottes gehandelt zu haben. Er würde sicher sagen, daß er im Namen von Frieden, Freiheit, Perestroika und Fortschritt gehandelt hat. Aber Frieden, Freiheit, Wohlergehen der Völker – das sind ja auch Namen und Wesenszüge Gottes.

Vielleicht ist es auch besser, Gorbatschow glaubt nicht, daß er im Namen oder als Werkzeug Gottes gehandelt hat. Denn gerade im Namen Gottes ist auch viel Unheil angerichtet worden durch manche Fanatiker. Und im Namen Gottes sind auch viele falsche Propheten aufgetreten.

Aber *wir* können die jüngste Geschichte mit den Worten des Jesaja so deuten, daß da Gott durch Menschen gehandelt hat. *Wir* dürfen auch anderen diese Sicht der politischen Entwicklungen nahebringen und anbieten, damit alle Menschen erkennen, daß es keinen anderen Gott gibt.

Es braucht uns kein Kopfzerbrechen zu machen, daß Gorbatschow selbst unsere Sicht der Dinge vermutlich nicht teilt und vielleicht weiterhin lebt, ohne Gott zu erkennen und anzuerkennen. Auch Jesaja hat nicht erwartet, daß Kyros sich bekehrt. Aber er hat erwartet, daß sein Volk durch das Handeln des Kyros den Glauben an Gott wiedererlangt.

Für mich ist es ein Zeichen der großen Toleranz des Jesaja Andersdenkenden gegenüber, daß er nicht von Kyros verlangt, gläubig zu werden. Und es ist für mich ein Zeichen des noch größeren Glaubens des Jesaja, daß er Gott zugesteht; daß er jeden als Werkzeug berufen und gebrauchen kann.

Für unser Zusammenleben hier in der Gemeinde möchte ich eigentlich nur das herausgreifen:

Unser Zusammenleben wird gewiß freier, friedlicher und angenehmer, wenn wir diese Toleranz andersdenkenden und andersgläubigen Menschen gegenüber lernen. Und unser Glaube wird wachsen und vielleicht manche Berge versetzen und Gräben zuschütten, wenn wir Gott zugestehen, daß er auch Nichtgläubige und Andersgläubige zum Wohl seiner Menschen einsetzen und gebrauchen kann.

30. Sonntag im Jahreskreis

Ex 22,20–26 (21–27)

Mich hat an dieser Lesung zunächst betroffen gemacht, daß da Dinge eingeschärft werden, die doch eigentlich selbstverständlich sein sollten:

- daß ich niemanden ausnütze oder gar ausbeute,
- daß ich keinen Wucherzins verlange,
- und daß ich jedem wenigstens das Existenzminimum zugestehe.

Gott sagt hier ganz eindeutig, daß er auf der Seite der armen und benachteiligten Menschen steht und daß er ein Gott ist, der Mitleid hat. Die Kirche muß erst langsam wieder lernen, daß auch ihr Platz bei den Armen und Benachteiligten zu sein hat, weil dort auch Gott zu finden ist.
Für die sogenannte »Dritte Welt« ist das schon so. Dort hat die Kirche eine Wende vollzogen – hin auf die Seite der Armen. Dort lesen die Menschen auch die Bibel durchweg so, daß sie genau spüren: Solche Worte spricht Gott zu den Armen und Unterdrückten. Und seine Verheißungen sollen schon hier bei uns Wirklichkeit werden. Deswegen hat dort auch Mission eine echte Chance, weil das Evangelium mitten hinein in die Lebenssituation der Menschen trifft.
Bei uns ist das ganz anders. Wir sind reich, wir sind nicht bedürftig, wir haben so ein Evangelium eigentlich gar nicht nötig. Unsere Sorge geht ja nicht ums tägliche Überleben, sondern eher dahin, unseren Wohlstand zu mehren – vielleicht sogar auf Kosten anderer.
So mahnt uns diese Lesung einmal zum Nachdenken, wo denn unser Platz ist. Sie will uns nicht madig machen, daß es uns gut geht. Aber sie fragt uns doch, ob wir uns – wie Gott – auf die Seite der Benachteiligten stellen und wenigstens das für sie tun, was in unseren Kräften steht.

Diese Frage gilt im großen wie im kleinen.
Für die große Politik heißt das zum Beispiel: Wie geht man mit den Schulden um? Die meisten Länder der »Dritten Welt« sind bis über beide Ohren verschuldet und müssen z. T. schon mehr an Schuldentilgung wieder an uns zurückzahlen als sie an Entwicklungshilfe von uns bekommen haben. Die Folge ist, daß in diesen Ländern die Löhne immer mehr sinken und die Preise immer mehr steigen. Die Reichen werden immer reicher und die Armen immer ärmer. Diese Menschen leben oft unter dem Existenzminimum. Sie bekommen – in den Worten der Lesung – den gepfändeten Mantel nicht zum Schlafen zurück.
Diese Frage, auf welcher Seite wir stehen, gilt aber auch im kleinen. Es wird zwar gern bestritten und oft auch verschwiegen; aber können wir wirklich behaupten, daß es bei uns keine Menschen gibt, die vielleicht gerade so durchkommen oder am Rand des Existenzminimums leben? Menschen, die zwar leben, aber noch weit entfernt sind vom gängigen Lebensstandard?
Die Lesung sagt uns, was wir tun können: nicht ausbeuten und auch nicht mithelfen, daß andere ausgebeutet werden. Das fordert bei uns einen wachen Blick für das, was in der Sozialpolitik geschieht. Sind das wirklich Maßnahmen, die den Schwachen und denen, die am Rande stehen, zugute kommen – oder nur denen, die es eigentlich nicht nötig haben?
Nicht ausbeuten und nicht bei der Ausbeutung mithelfen – das ist auch der Sinn des »Dritte-Welt-Handels«. Nicht große Firmen sollen die Arbeiter ausbeuten, damit wir billig einkaufen können, sondern die Arbeiter sollen das für ihre Arbeit bekommen, was ihnen auch wirklich zusteht.
Das erfordert bei uns sicher ein Umdenken und die Bereitschaft zum Teilen. Teilen ist mehr als nur ein Almosen zu geben. Teilen heißt z. B., ein paar Mark mehr für den Kaffee ausgeben, damit der Kaffeebauer diese paar Mark mehr an gerechtem Lohn bekommt.

Teilen heißt, daß wir in unseren Ansprüchen zurückstekken müssen, damit die anderen hochkommen können. Teilen geht nur, wenn es Hand in Hand mit einer anderen Gesinnung probiert wird. Darum ist es auch gut und wichtig, für die Gerechtigkeit unter den Menschen zu beten. Denn das echte Gebet weitet meinen Blick über den eigenen Kirchturm hinaus. Und es hilft mir, meinen Platz zu finden: da, wo Gott wirklich ist – auf der Seite der Armen.

31. Sonntag im Jahreskreis

Mt 23, 1–12

Pharisäer – das ist für uns ein Schimpfwort. Pharisäer – das steht für Heuchelei, für Frömmelei, für Scheinheiligkeit und Unglaubwürdigkeit. Gerecht ist so eine Einstellung den Pharisäern gegenüber nicht. Zur Zeit Jesu waren die Pharisäer eine sehr engagierte Laienbewegung im jüdischen Volk. Sie versuchten, wirklich Ernst zu machen mit Gottes Geboten in ihrem Leben. Sie taten viel auf sozialkaritativem Gebiet. Sie bemühten sich, auch die kleinsten Vorschriften zu beachten und zu halten. 613 solcher großen und kleinen Gebote gab es zur damaligen Zeit. Und dementsprechend gab es oft Streit, welches Gebot nun das wichtigste sei. Kein Wunder, daß Jesus selbst einmal einem Pharisäer gegenüber das wichtigste Gebot herausstellt: das Doppelgebot der Gottes- und Nächstenliebe.

Und genau da lag der Knackpunkt. Die Pharisäer haben vielleicht in ihrem Eifer »vor lauter Bäumen den Wald nicht mehr gesehen«. Vor lauter Bestreben, Gott zu lieben und ihm zu dienen, haben sie den Menschen übersehen, obwohl sie viele Werke der Nächstenliebe getan haben.

Wir wissen viel über die Pharisäer – mehr als über jede andere religiöse Strömung der damaligen Zeit. Vor allem wissen wir viel Negatives über sie. Warum ist das so?

Die Pharisäer haben als einzige Gruppe den jüdisch-römischen Krieg überlebt. Gerade nach der Zerstörung Jerusalems und des Tempels wurden sie aktiv und versuchten, in den zerstreuten jüdischen Gemeinden den Glauben, die Tradition und die Gebote hochzuhalten.

Für die jungen Christengemeinden bestand die Gefahr, für eine jüdische Sekte gehalten zu werden. Die Christen wollten aber nicht mit den Pharisäern in einen Topf geworfen werden. Deswegen haben sie sich scharf von ihnen abgegrenzt. So kommt es, daß vieles, was Jesus sicherlich allen Juden gesagt hat, von den Evangelisten etwas einseitig nur gegen die Pharisäer gerichtet worden ist. Und deswegen kommen sie in den Evangelien schlechter weg, als sie tatsächlich waren.

Wenn wir also nicht selber als »Pharisäer« in diesem belasteten Sinn dastehen wollen, tut uns ein wenig Barmherzigkeit mit ihnen gut. Wir dürfen nicht alle über einen Kamm scheren. Ernst nehmen aber sollten wir das, was Jesus in dieser Rede kritisiert – weil das grundsätzlich gilt. Und weil es sicherlich auch für uns gilt – denn »pharisäisches« Denken steckt in uns allen.

- die Neigung zum Beispiel, im Geiste heimlich ein Notizbuch zu führen über unsere Verdienste und die Fehler der anderen,
- die Neigung, unsere guten Taten stets höher einzuschätzen als die guten Taten der anderen und unsere Fehler immer für geringer zu halten als die Fehler der anderen,
- überhaupt die Neigung, uns selber und unsere Einstellungen für besser und richtiger anzusehen und darum am liebsten für alle verpflichtend zu machen,
- die Neigung, unsere Lebensführung zum Maßstab zu machen und dadurch überheblich und intolerant zu werden,
- die Neigung, alles nur zu tun, damit die Menschen es sehen, und dadurch zum Heuchler zu werden.

Vor all dem sollten wir Christen uns hüten.

Jesus hat nichts gegen inneres Engagement, gegen Konsequenz und tiefe Überzeugung. Doch er hat etwas gegen unbarmherzige Fanatiker, die allen anderen die eigenen Maßstäbe aufzwingen wollen.

Jesus hat nichts gegen Menschen, die echte Vorbilder sind – oder sogar Heilige. Aber er hat ganz entschieden etwas gegen Scheinheiligkeit und Heuchelei. Ein Heuchler ist für ihn jemand, der zwar das Richtige sagt, aber das Verkehrte tut. Deswegen gibt es, glaube ich, kein schlimmeres Urteil über Menschen als den Satz: »Tut und befolgt alles, was sie euch sagen, aber richtet euch nicht nach dem, was sie tun. Denn sie reden nur, tun selbst aber nicht, was sie sagen.« Mit diesem Satz warnt Jesus seine Jünger. Jesus wußte, daß die Menschen verschieden sind. Nicht alle sind gleich weit fortgeschritten auf dem Weg des Glaubens und der Gebote. Nicht alle haben von Gott den gleichen Eifer und die gleiche Konsequenz geschenkt bekommen. Manche Lebenswege verlaufen mit großen Umwegen, andere ziehen sich glatt und eben dahin. Manche Leute versagen öfter, und anderen gelingt alles wie von selbst.

Weil Jesus das weiß, will er nicht, daß seine Jünger genauso handeln wie die, die er mit seiner Rede kritisiert. Jesus will nicht, daß seine Jünger andere Menschen einschüchtern durch gnadenlose und unbarmherzige Forderungen, die schlichtweg Überforderungen sind. Und vor allem will Jesus seine Jünger nicht als Heuchler sehen, die sich in den Augen der Menschen besser darstellen, als sie in Wahrheit sind. Mit dieser Rede warnt Jesus seine Jünger – damals und heute. Jünger sind alle, die zu seinem engsten Kreis gehören, heute also ich als Amtsträger dieser Kirche, und Sie, die Sie zum Kern dieser Gemeinde gehören. Jesus mahnt uns, nicht unbarmherzig und zu Heuchlern zu werden.

Und wir brauchen das auch nicht zu sein, wenn wir sein Evangelium wirklich glauben: daß wir von Gott geliebt und gemocht sind, so wie wir sind. Wir brauchen keine Minderwertigkeitskomplexe zu haben, und wir brauchen uns nicht größer und besser zu machen, als wir sind. Vielleicht müßten wir nur mehr lernen, uns selber zu mögen, damit wir auch die anderen gelten lassen können.

Vielleicht müßten wir uns nur noch öfter sagen lassen und es glauben lernen, daß Gott uns gern hat, damit wir dasselbe auch von den anderen glauben können, die so ganz anders sind als wir – und als wir sie gerne hätten. Vielleicht müßten wir wirklich erst einmal uns selber lieben und mögen lernen, damit wir Gott und den Nächsten lieben lernen: gelassen, barmherzig und großzügig. Dann würden wir uns als Christen tatsächlich von den Pharisäern unterscheiden, und zwar wohltuend. Weil es dann in unseren Gemeinden und in unserer Kirche nicht mehr pharisäisch zuginge, sondern jesuanisch. Und so sollte es doch eigentlich sein, oder?

32. Sonntag im Jahreskreis

Mt 25,1–13

(Zu dieser Predigt wird eine kleine Öllampe benötigt)

Ich könnte mir vorstellen, daß Jesus uns dieses Gleichnis heute so erzählen würde:

Mit dem Himmelreich ist es wie mit zehn Jugendlichen, die am Wochenende mit ihren Mopeds nach N. N. ins Konzert fahren wollten. Fünf von ihnen waren töricht und fünf klug. Die Törichten fuhren schon die ganze Woche mit ihren Maschinen in der Gegend herum, die Klugen richteten ihre Maschinen her.
Als sie nun unterwegs nach N. N. waren, merkten die Törichten, daß ihnen der Sprit nicht reichte. Und außerdem hatten sie ihr Taschengeld schon ziemlich ausgegeben. Darum fragten sie die anderen: Könnt ihr uns nicht ein wenig von eurem Sprit abgeben, damit wir auch ins Konzert kommen? Da sagten die anderen: Dann reicht es für euch nicht und für uns auch nicht. Dreht halt um, fahrt heim zum Tanken und kommt nach!
Als aber die Törichten dann endlich in N. N. ankamen, war das Konzert ausverkauft. Es gab keine Karten mehr, und sie mußten draußen bleiben.
Die anderen aber sind rechtzeitig hingekommen und haben einen Platz gekriegt.

Jesus geht es mit diesem Gleichnis um die Vorbereitung. Und er nimmt dazu ein Beispiel aus dem alltäglichen Leben. Wir selber können das gut nachvollziehen. Auf so vieles bereiten wir uns vor. Bleiben wir ruhig einmal beim Beispiel vom Öl, vom Brennstoff: Jeder weiß, wie weit er mit einer Tankfüllung kommt. Darum tanken wir vor einer größeren Fahrt voll. Jeder weiß, wie lange ihm ein Tank voll Heizöl reicht. Darum läßt er ihn im Sommer, wenn es billig ist, auffüllen. Jeder weiß, daß er im Ausland Benzingutscheine braucht, wenn er nicht draufzahlen will, und besorgt sich rechtzeitig welche.

Wir haben auch in unserer Sprache Redensarten, die genau wiedergeben, wie das ist, wenn einer nicht vorsorgt: Wir sind dann »total abgebrannt«, wir »stehen auf dem Schlauch«. »Es läuft nichts mehr« und wir »müssen uns was pumpen«. Da ist der »Ofen aus« und wir »bleiben auf der Strecke«.

»So ist es mit dem Himmelreich«, sagt Jesus. »Ihr wißt nicht, wann es für euch losgeht, wann Gott euch einmal braucht. Aber lebt darauf hin, bereitet euch darauf vor und verlaßt euch nicht auf die anderen, die alles für euch machen. Sonst steht ihr am Ende auf dem Schlauch, sonst ist am Schluß ausverkauft und ihr steht mit leeren Händen draußen.«

Die Vorbereitung auf das Himmelreich ist unser Glaube. Durch ihn sind wir mit Gott verbunden, und er lehrt uns, in ständiger Erwartung zu leben. Mit unserem Glauben ist es genauso. Wir brauchen da ständig Brennstoff, damit wir vorwärtskommen, damit was läuft. An anderer Stelle sagt Jesus: »Euer Licht soll leuchten vor den Menschen, damit sie eure guten Taten sehen und euren Vater im Himmel preisen.«

Ich habe hier so ein Öllämpchen. Da reicht das Öl für eine gewisse Zeit, und dann muß ich nachfüllen, sonst geht das Licht aus. So ist es mit unserem Glauben. Wo nehmen wir da unsere Energie her, unseren Brennstoff? Wo tanken wir auf? Für mich ist der Gottesdienst so eine Tankstelle, das Gebet, das Lesen in der Bibel, die Sakramente. Auch Begegnungen in der Gemeinde, ein lebendiger Austausch, ein gutes Gespräch sind solche Tankstellen. Ein Wochenende oder Besinnungstage können eine Tankstelle sein. Und es ist leichter, immer wieder ein bißchen nachzufüllen, als den ganzen Tank vollzumachen. Wenn ich mit dem Auto den letzten Tropfen Sprit verfahren habe, wenn nicht einmal in der Benzinleitung noch etwas ist, dann muß ich in die Werkstatt, und es ist eine größere Reparatur fällig. Vielleicht ist auch gar nichts mehr zu machen. Mit dem Glauben ist es genauso. Am Beginn unseres Lebens, bei der Taufe, bekommen wir unsere Taufkerze. Sie wird an der Osterkerze angezündet. Unser Leben soll Licht sein. Wer aber nicht dafür sorgt, wer einfach so dahinlebt und nicht aufpaßt, ob noch genug Brennstoff da ist, der steht am Ende womöglich ohne alles da. Und davor will Jesus uns bewahren. Darum sagt er: »Seid also wachsam, seid jeden Moment eures Lebens darauf gefaßt, daß Gott euch ruft und braucht. Und gerade weil ihr jeden Tag und jede Stunde damit rechnen müßt, seid wachsam und verpaßt diesen entscheidenden Moment nicht!«

33. Sonntag im Jahreskreis

Mt 25, 14–30

Ich erinnere mich noch genau an die Zeit, als ich so 14 oder 15 Jahre alt war. Da habe ich oft im stillen andere Mitschüler beneidet. Ich habe mich oft gefragt: Warum sehe ich nicht so gut aus wie der oder der? Warum bin ich so unsportlich und die anderen so sportlich? Warum kann der eine das so gut und ich kann das nicht?

Ich kann mich auch noch gut an die Angst erinnern, die ich dann z. B. in der Turnstunde hatte, wenn alle wieder zugeschaut haben und nur drauf gelauert haben, daß ich's wieder nicht schaffe. Das hat mir allen Mut genommen. Und ich habe mir mit der Zeit dann selbst eingeredet: Du kannst das halt nicht, du lernst es sowieso nie.

Heute kann ich schmunzeln, wenn ich daran zurückdenke. Ich habe nämlich inzwischen entdecken dürfen, daß meine Talente anderswo liegen. Ich habe entdeckt, daß ich zwar keine Sportskanone bin, dafür aber musikalisch. Und ich habe damals in der Pfarrgemeinde und in der Leiterrunde gemerkt, daß da Typen wie ich gefragt waren und gebraucht wurden. Und das hat es mir ermöglicht, manches von dem, was ich nicht gekonnt habe, gelassener zu sehen. Ich habe gelernt, daß es gar nichts nützt, immer nur zu jammern, bestimmte Dinge nicht zu können – weil Gott mir ganz andere Dinge zutraut.

Ich war also auch so einer, der das Talent im Boden vergraben hat und neidisch war, daß die anderen fünf oder zwei Talente bekommen haben und ich selber nur eines. Und ich glaube heute, daß es viele Menschen gibt, denen es genauso geht. Menschen, die auf die anderen schauen und fragen: Warum hat der so viel Glück und ich nicht? Warum geht bei mir immer alles schief?

Man sieht dann das eigene Leben nicht mehr als Chance,

sondern als Belastung. Man fühlt sich wertlos, nicht beachtet und überflüssig.
Gott gibt nicht jedem gleichviel mit und nicht jedem dasselbe. Und mancher trägt von Geburt an oder durch Erziehung eine schwere Hypothek mit sich herum. Jeder steckt auch in seiner Haut, aus der er manchmal heraus möchte und doch nicht kann. Viele Menschen laufen verwundet, verbittert oder enttäuscht herum und schauen neidisch auf die anderen, die scheinbar all das haben und können, was sie bei sich selber vermissen.
Das Evangelium sieht die Dinge aber ganz anders. Das Evangelium sagt uns: Jeder ist von Gott beschenkt. Keinem hat er alles gegeben und keinem hat er nichts gegeben. Vielleicht ist bei manchem das Talent nur so sehr verschüttet, daß er es allein gar nicht mehr ausgraben kann. Dann braucht er andere Menschen, die ihm helfen: Menschen, die nicht andauernd sagen: Laß das, du lernst das ja sowieso nie, du schaffst das ohnehin nicht, sondern Menschen, die mir Mut machen. Wenn Gott mir solche Menschen über den Weg schickt, die mir nicht den Mut nehmen, sondern mir Selbstvertrauen geben, dann ist das ein Geschenk.
Für mich war mein Orgellehrer so einer. Die Jugendleiter in der Pfarrei waren solche Menschen. Und schließlich stünde ich heute nicht hier, wenn es nicht Leute gegeben hätte, die mir gesagt haben: Du schaffst das und du kannst das.
So vermehren sich Talente. Und so könnte Gemeinde sein: ein Ort, wo Menschen sich gegenseitig ermutigen, ihre Talente ins Spiel bringen. Ein Ort, wo Menschen sich freuen können über die Gaben des anderen. Ein Ort, wo Menschen sich gegenseitig bereichern und beschenken.
Dieses Evangelium will, glaube ich, nicht noch denen zusätzlich Angst machen, die sowieso schon glauben, daß sie nicht viel zum Leben mitbekommen haben. Dieses Evangelium will vielmehr froh machen, daß wir von Gott beschenkt sind. Und es will uns Mut machen, unsere verborgenen Schätze auszugraben und anzuschauen und zu über-

legen, wie und wo wir sie ins Spiel bringen können. Dieses Evangelium will das Vertrauen schenken, daß jeder von uns mit Gottes Hilfe er selbst werden kann:
Ein jüdischer Lehrer, der Sussja hieß, sagte zu seinen Schülern: In der kommenden Welt wird Gott mich einmal nicht fragen: Warum bist du nicht wie Moses gewesen, wie dieser große Führer Israels? Und Gott wird mich auch nicht fragen: Warum bist du nicht wie Elija gewesen, wie der große Prophet? Aber eines wird er mich ganz bestimmt fragen: Warum bist du nicht du selbst, der Rabbi Sussja, gewesen? – Und darum, so schloß der Rabbi, versuche ich jeden Tag, ich selbst zu werden.

(Text aus: B. Schönwälder [Hg.]: »Schenk uns deinen Geist. Das Werkbuch für den Firmling«, München 1986, S. 42)

34. Sonntag im Jahreskreis (Christkönig)

Mt 25, 31–46

Wenn ein spannender Krimi zu Ende geht, dann wollen wir endlich wissen: Wer war es denn? Bevor wir das nicht wissen, können wir das Buch nicht weglegen oder den Fernseher ausschalten. Erst wenn wir wissen, wer der Täter war, legt sich unsere Spannung wieder.
Heute ist es ganz ähnlich. Zwar geht kein Krimi zu Ende, aber doch auch etwas Spannendes. Unser Kirchenjahr geht zu Ende. Und auch im Laufe dieses Kirchenjahres gab es einen Toten. Die Auflösung präsentiert uns allerdings nicht der Täter, sondern sie sagt uns, wer das Opfer ist: Wer ist denn eigentlich dieser Tote, von dem gesagt wird, daß er wieder lebt?
Heute feiern wir das große Finale. Wir feiern Christ-König.
Es ist interessant für mich, daß diese Auflösung im Kirchenjahr ganz am Ende steht. Denn ganz ähnlich ist es in der Bibel auch. Zwar gibt uns die Heilige Schrift schon vorher immer wieder versteckte Hinweise darauf, daß Christus der Sohn Gottes, der König der Welt, ist. Aber diese Hinweise werden leicht übersehen. Doch nun, vom Ende her betrachtet, verstehen wir sie auf einmal viel leichter.
1. Hinweis: Christus wird ganz arm im Stall geboren. Niemand ahnt, daß hier ein König zur Welt gekommen ist. Aber die Könige der Welt kommen, um ihn anzubeten.
2. Hinweis: Christus steht ganz und gar hilflos, völlig ausgeliefert vor dem Statthalter des römischen Kaisers, vor Pilatus, und sagt: Ja, ich bin ein König.
3. Hinweis: Als Jesus ganz verlassen am Kreuz stirbt wie ein Verbrecher, da sagt der römische Hauptmann: Wahrhaftig, dieser Mensch war Gottes Sohn.
4. Hinweis: Wahrscheinlich nur zufällig steht über dem Kreuz in der Anklageschrift ebenfalls das Wort »König«.

Ist das Zufall? Immer dann, wenn man es am wenigsten vermutet, weist die Bibel darauf hin, daß Jesus der Christus, der König ist. Und genauso ist es mit dem heutigen Evangelium.

Die Menschen sind da auch ganz verdutzt: Was, *dir* haben wir das getan oder nicht getan? Das war uns überhaupt nicht bewußt! – Ja, sagt Jesus, was ihr dem geringsten Menschen getan oder nicht getan habt, das habt ihr mir, dem König, getan oder nicht getan.

Jesus lebt auch heute noch genauso unerkannt unter uns wie damals. Aber am Schluß kommt's raus, wer er wirklich war. Und zum Schluß kommt's raus, was dieser König wirklich von uns wollte: nämlich, daß wir ihm dienen; daß wir Diener sind für Christus, den Herrn und König der Welt, und für Jesus, der uns ganz unvermutet im geringsten Menschen begegnen kann.

Dieser Gedanke ist mir wichtig.

Jesus Christus, unser König, ist in den Menschen genauso real da wie in der Monstranz. Die Monstranz, das Allerheiligste, verehren wir mit allen Zeichen der Ehrfurcht und Hoheit. Wir begleiten Jesus mit Kerzen und Weihrauch. Und wie gehen wir dafür oft mit anderen Menschen um?

Von daher ist es nicht zufällig, daß Jesus am Ende nicht nach Gottesdienstbesuch, nach Gebet, Taufe oder Bußübungen fragt, sondern danach, ob wir den Menschen geholfen haben oder nicht. Alle Menschen, ob Christen oder nicht, werden allein nach dem Maßstab der Nächstenliebe gerichtet werden.

Ich denke, darum ist es gut für uns, dieses Fest zu feiern. Christus ist unser König. Das heißt zugleich auch: Wir sind es nicht – auch wenn wir uns manchmal wie die »Kings« aufführen. Christus ist König – und nicht die Kirche, auch wenn sie sich manchmal sehr mächtig und glanzvoll gebärdet. Christus ist König – und wer ihm dienen will, der sollte mit seinen Mitmenschen genauso ehrfürchtig umgehen wie mit dem Allerheiligsten.